子どもの成長と想像力

クリエイティブ★チャイルド

Creative Child

Children are naturally creative!

子どもは創造力にあふれている！

ドロシー・アイノン 著

廣井洋子 訳

風濤社

contents

第4章

音楽・運動・演技 ……………147

chapter 4　Music, Movement and Drama

第5章

言葉と数 ………………209

chapter 5　Words and Numbers

この本を使うにあたって

子どもが秘めている力を十分に発揮できるようにしたい、と親はなによりも願うものです。この本では、子どもの創造性を引き出す環境をどう整えるかを取り上げています。子どもの素質はどうはぐくまれ、伸びていくでしょうか。お話ししたいと思います。

隠れた力を引き出す

多くの子どもたちは本来もっと能力があるのに、ぞんぶんに発揮できないでいます。失敗をこわがり、励ましてもらえないために一生懸命に取り組むことのない子ども、よい先生や指導者にめぐまれない子どもがいます。また、必要な道具や方法やまわりの手助けが得られないでいる子どももいます。こうした事態を避けて、子ども自身も楽しみながら十分に能力を発揮するにはどうしたらよいかということを、本書でお伝えしたいと思います。

隠れた力をフルに発揮させるといっても、スポーツの有名選手や世界的芸術家や名優をめざすことではありません。並はずれた才能と大望、それに多くの幸運がそろわなければならないそうした類のことは、本書では触れません。どんな才能に関しても、それをもっともよく伸ばせるように大人が子どもに手を貸すこと、それが本書のテーマです。

親は子どもの創造的なエネルギーを引き出すのに大切な役割があります。

多方面から見て、このように成長している子どもについて言えることは、かならずしもそういう子が運動会で一等になったり、サッカーチームを率いるわけではないですし、クラスで一番になったり、劇で主役になるともかぎらないと言うことです。そうなる場合もあるし、まったくそうでない場合もあるでしょう。めざすべきことは、子どもの行なうどんなことであっても、その子の能力をトータルに使えるよう手助けすることです。

創造力を養う意味

学校教育で何年か教われるだけで、身につけた技能が一生通じるような時代はとっくに終わっています。世の中の変化はますます早くなっています。しかし、小さい子どもたちは、新しいことに魅かれ、できないなど思いもせずに試したがるものです。小さいうちは自意識も強くなく、失敗をおそれることもありません。創造力豊かな人は、この特質を生涯にわたって保ち続けます。創造力を小さいうちから後押ししてあげれば、成人してからも創造的であり続け、変化する社会にうまく対応していくことでしょう。

うまく教える親とそうでない親

子どもの最良の教師ともいえる親がいます。子どもと1対1で向きあい、子どものことを誰よりもよくわかっていて、ここぞというタイミングでほめ、ヒントを与え、建設的な批判もします。子どもに落ちつきのないときは、どういうタイミングで音楽をかけ、踊らせて発散させればいいかがわかっていて、脳の血行がよくなってから座らせて頭を使う課題に取り組めるように促します。子どもが疲れているようなら、今していることをやめさせ、読み物などを持って抱いてあげたり、テレビの前に行ったりします。

そんな親たちがいる一方で、子どもにあまりに多くを望み、あれこれと駆り立てすぎたり、批判や否定をしすぎて、子どもの自尊心をそこなってしまうような親もいます。子どもは意欲をそがれ、最初は持っていた何かをする楽しみをじきになくしてしまいます。さら

信頼が子どもを育てる

子どもの発育において肝心なのは、大人が子どもの能力を信頼していることです。前世紀の中ごろにある心理学者が、子どもに――教師の目から見て――「レッテルをはる」ことがどう能力に影響するかを調査しています。研究者は子どもにIQテストを行ない、誰が知能が高いと出て誰が低いと出たか、教師に報告しました。子どもは無作為に選ばれていて、実際のところ能力に大差はない子どもたちでした。それがその年の終わりまでには、頭が良いと教師がみなした子どもたちはよい成績をあげ、できがよくないとみなした子どもたちは悪い成績となる結果になりました。できがよくないとレッテルされた子どもにはひどい実験となったのですが、これは親や教師によって始終起こっているともいえます。早くから子どもの能力を決めつけ、その思いこみが現実になってしまうのです。

に子どもは自分はダメな存在で無力だと感じ、自分は「できない」のだと信じて、本当は「できる」ということにまったく気づかなくなってしまっていくのです。

本書の構成

本書の第1章では創造力の本質と想像力や理知性、才能との関連について解説します。さらに、子どもをとりまく環境の役割や、能力の発達をうながすためにどう手助けできるかについても考察します。子どもの性別や家族の中でしめる位置（何番目に生まれたのか）といったことも関係してきますので、合わせて考えます。

第2章の成長に関するチャートでは、各年齢で子どもたちが一般的にできることを示しました。チェックリストで子どもに合ったレベルの活動を知り、芽ばえつつある能力をどう引き出すとよいのかを確認してください。

第3章からは創造力を生かす各ジャンルをそれぞれ取り上げていきます。子どもの発達に役立ち、能力を最大限に伸ばすさまざまな実践やおもちゃについて、具体的なアドバイスを豊富に提案しました。

第1章

子どもの創造性

chapter 1　children's creativity

What is creativity?

創造力とは何でしょうか？

創造力の豊かな人は、これまでにないやり方でものごとに取り組みます。取り組むことがこれまでにない、ということではなく、その「やり方」がこれまでにないのです。料理をするときでも、園芸の作業のときでも、また何かを考えるときでも、プロとして実力ある音楽家や画家になるのと同じように、創造力を発揮することができるのです。

子どもはもともと創造的

行動を計画して混乱をさける能力のない就学前の子どもは、もとより創造的です。子どもはまず何かをするのであり、考えるようになるのはその後です。また、決まったやり方が身につくまでは（そうならないかもしれませんが）、子どもは何度もくりかえし行ないます。「まずAをして、それからB、C、DをやってE」と大人はやっていきますが、幼児はふつう、Bから先は考えません。この幼い時期に学ぶべきことはたくさんあり、子どもは自分が成長するまで（つまり学ぶ計画を立てられるまで）待っているわけにはいきません。子どもはとにかく、やってみなくてはならないのです。

やってみることで子どもは学ぶ

子どもが持って生まれた才能は、経験をとおして発達します。大人は子どもがうまく経験できるような環境を用意することはできますが、子ども自身がその機会を生かさなくてはなんにもなりません。子どもの代わりに学ぶことは誰にもできないのです。私たちにできるのは、子どもに指導したり、説明をしたり、ほめたり、実際にやってみせたり、手直しすることです。しかし、子どもの身体と心が別のほうを向いていては、多くは学べないでしょう。大人は子どもの好奇心をいつも後押しし、子どもが「やってみる」のを期待して待つこと、それが子ども自身が取り組むのに手を貸すことになるのです。

よちよち歩きの子どもは考えて描いたりしません。
好きなようにやらせてみるのがいちばんです。

どんな子も自分でやってみることが学ぶのにはいちばんです。
大人が興味をみせて質問をすれば、子どもはしていることに確信が持てます。

創造性を養う

・子どもの中には「設計図」が織りこまれているということを覚えておいてください。それは、子どもが学ぶためには何が必要かを決め、子ども自身を正しい方向へ後押ししてくれる「設計図」です。

子どもが指をうまく使うようになるにつれ、細かい物を手にしはじめるのを私たちは目にします。身体の平衡がうまく保たれればじめると、子どもは走り、跳ぶようになるでしょう。子どもを素直な目でよく見れば、どんな行動を促してやればよいかわかってきます。

・子どもには、自分の成長に必要だからすることもあれば、注意をひこうとしてすることもあります。この二つを見分け、子どものためになる実践に重点を置くことは、困難なことではありません。

・子どもの好奇心を応援することは大切ですが、ときには子どもの問いかけをうまく方向づけることも必要です。幼児は言葉よりも行動で問いかけてくる場合が多いので、大人が問いを解釈しなければなりません。たとえば、よちよち歩きの子が知りたがっています。「このはがれそうな壁紙をひっぱると、どうなるんだろう？」　子どもはひっぱりたいのに決まってます！　でも、それを許してしまえば、またやります。

こういう場合は、子どもの好奇心を抑えるのではなく、受け入れやすい方向にかじ取りするわけです。たとえば、マスキングテープ［きれいにはがせるカバー用のテープ］をいくつもドアに貼って、それをひっぱらせてはどうでしょう。あるいは、「どうなるだろう？」ともっと楽しく問いかけられる方法を用意することもできます。たとえば、流しで水を使って遊んだり、器に砂や米粒を入れて遊んでみてもいいでしょう。

・子どもは親を喜ばせたがり、親がにっこりしてくれることをするのが好きです。同時に親のほうも、子どもがうれしがり、楽しんでくれるようにと願っています。大人が少し頭を使えば、わくわくする遊びの機会を作って、子どものニーズも親のニーズもかなえることができます。

いつの時代も好まれる遊びに、ベビーベッドや子ども椅子からものをぽんぽん投げさせる遊びがあります。子どもが笑って投げるので、親はおもちゃを渡します。親が笑ってなにかを言うので、子どもはまた投げます。子どもは実際に何度もやってみて、初めは自分の手にあったものが、いま床にあると気づくことになります。

こうした経験が重要なステップとなり、子どもは、「たとえ自分で触ったり見たりできなくても、実際に物があり、人がいること」を学んでいきます。

Making connections

いくつもの
つながりを作り出す

問題には、ただ一つの答えを出すという種類の問題や、焦点をしぼって論理的に考えなければならない種類の問題があります。こうした問題は知能テストで測れるような種類の思考法といえます。

その一方で、たくさんの異なる答えを考えさせられるタイプの問題もあります。この思考方法は、先ほどの集中的思考に対して拡散的思考と呼ばれています。拡散的思考による方法は、私たちを新しい創造的な方法で問題を解決することへと導いてくれます。

知能と創造性

IQ（知能指数）テストなどの知能テストは、一般的に集中的思考の能力を調べるもので、設問には正解と不正解が用意されています。このように正否を考えて解く思考法が、学校の勉強では要求されることが多いので、知能テストで高得点をあげる子どもは、学校のテストでも成績がよいものです。これと対照的に、創造性の尺度を得るには、答えがいろいろある拡散的思考が求められるような問題が必要です。

IQテストでは､設問はたとえば次のようなものです。「JFMAMJ と、ある決まりで文字が並んでいます。次に来る文字はなんでしょう？」（答えは J。文字列は1年の各月の頭文字を表わしている）。

一方、テストで創造性を測るとすると、設問はたとえば次のようになります。「とつぜん全ての人の目が見えなくなったら、どうなるでしょう？」

一方のテストでできがよく、もう一方ではそうでない人がいることは当然のことです。知能が高いとされる人はかならずしも創造的ではありませんし、逆の場合も同様です。

IQテストで本当に知能は測れるか？

このテーマについて書かれた本はすでにいくつもあり、大多数の見解は一致しています。「必ずしもそうではない」との見解です。IQテストに有利なのは、その設問の言い表わし方からもわかるように、主流になっている文化に属している中流階級の子どもです。つまり、民族や階級が異なる子どものテスト結果とは単純に比較できないということです。とはいっても、どの国の子どもたちの間でも、IQテストの結果は勉強の成果や達成度の正当な指標になっています。知能指数の意味は問い直されつつありますが、個人によって知的能力に差異があるのはやはり否定できません。しかし、頭がよく学校の成績がよいからといって、弱点がないわけではありません。まわりの人の気持ちをよくくみ取れるとはかぎらず、意識的に賢明にふるまえるともかぎりません。

ただ確実に言えるのは、IQ テストが扱うような思考法は、就学前の子どもが使うような思考法ではない、ということです。

幼児の考え方

集中的思考は論理に沿います。そのため、論理的に考えられるようになる（おおよそ7歳くらい）までの子どもには集中的思考はできません。また、拡散的思考もできません。幼児の考えは一直線です。つまり、子どもは自分でまず得た印象でそれらしく見えるものを、そのまま答えとしてとらえます。たとえば、幼児は丸めた粘土の方が、同じ粘土を棒状にしたものより量が多い、と考えます。丸めた方が高さがあるからです。栓を抜いたお風呂で、水が吸いこまれるように排出していくのを見ると、子どもは自分も吸いこまれると思うでしょう。何を描いているかを聞かれて「家」と答えた子どもが、翌日になって、自分の絵はむしろ車に見える、と思うとします。すると、「車を描いた」と言うでしょう。時間とともに考えを変えていく傾向が子どもにはあるので、子どもは創造的な思考をしている、と見ることができるのです。

才能とは？

才能は創造性よりずっと個別的で、明確な輪郭を持つものです。美術の才能が音楽の才能へと溢れ出したりすることはほとんどなく、ゴルフの才能を他の球技へ転用することさえできないでしょう。才能は特定の分野で、単に技術的な能力を超えた成果をあげることを可能にします。とはいっても、技術が基礎にあることが必要です。また、技術的な能力を得る可能性が子どもに皆ひとしくあるわけではありません。そして才能ある人物でも、卓越した特別な分野を除いては、他の人よりべつだん創造性に富んでいないことがよくあります。

想像力の発達

多くの場合、子どもの最初の伝達手段となるのは行動です。子どもが腕を上げれば「だっこして」と言っていることですし、子どもが言葉を話し始めるときは、たいてい何かの行動がともないます。たとえば、「あの猫を見て」と言いたい子どもは、指をさして「にゃあ」と言います。子どもが想像してごっこ遊びをするとき、こうした行動と似たところが見られるでしょう。言葉よりもむしろ、動きやイメージを通して考えているのです。そしてさらに発展していき、子どもの成長とともにごっこ遊びは凝ったものになって、物語を展開したり、生き生きしたイマジネーションを発揮する手段となります。手の込んだごっこ遊びは、それだけ生彩に富んだ想像力を示すことが多くなります。

幼い子どもは直線的にものをとらえ、何をするにも自分にとってそう見えるままに従います。脈絡なくものを扱うように見える時期が長く続くので、親には根気強さが必要です。

データから見ると・・・

子どもの才能を育てる親の役割

幼いころから才能を発揮し、のちに最先端の科学者やトップクラスの運動選手、発明家、音楽家などになった子どもを検証してみると、共通しているのは、そうした子どもは才能ある教師から多岐にわたる訓練を受け、親も実にひたむきにサポートしていたということです。

Encouraging natural talents

子どもにそなわっている才能を引き出す

個人の個々の才能がどこからやってくるかは、はっきりわかりません。遺伝的特性や育つ環境、訓練、性格、経験のすべてが係わっていると言えますが、どのファクターの比重が大きいかは言えませんし、どの子にとっても同じことが言えるということもないでしょう。

才能の遺伝

子どもが両親に似かよった脳、身体、そしておそらくは才能を持つという見解があるのは、資質は遺伝すると考えられるからです。おおまかな分類——親の体格が長距離走者型か重量挙げ選手型かなど——について言えば、子どもも似た体格になりやすいと言えるでしょう。親が数学的な能力にすぐれていれば、おそらく子どももその可能性を受け継ぐでしょう。ただし、文化や親としてのふるまいも受け継がれるので、親の能力を養った環境もまた、子どもの能力を養うと考えられます。そして残念なことに、創造性を害してきた環境もまた、子どもたちにくりかえされることがあるのです。

生育環境

環境の役割は、子どもの発育にとってきわめて重要です。50年前はイギリスの子どものうち、15歳で受ける統一試験に合格するのはたった1割でした。しかもほとんどの場合は、1～2の教科で合格するにすぎませんでした。今日では、いくらランク付けの低い学校でもここまで結果は悪くはありません。試験が易しくなったのではなく、生徒が賢くなったからです。イギリスでは第1次世界大戦以後、子どもたちは共通のIQテストを受けています。このIQテストを2年ごとに見ていくと、知能指数の平均値はつねに上昇しています。したがって、1914年当時ではまれだった成績も今日はごく普通になっています。

創造的な環境を作る

おもちゃや本、あるいは他の物質的な環境は子どもにとってはもっとも大切な要素とは言えません。子どもが置かれている社会的環境こそがもっとも大きな意味を持つのです。お金では愛情は買えませんし、楽しくて価値ある時間が少ししかなければ、子どものすべてに係わることはできません。家の中をおもちゃでいっぱいにし、子どもが起きている間じゅう何かをさせていても、成長に本当に価値あることはあまりできていない場合があります。幼い子が学ぶことのすべては、まずは社会性のあるつながりの中で学んでいくのです。子どもの面倒をみる人が、子どもに日常的に接しているのか、それとも分刻みなのかは大きな違いです。専門家は、大人と子ども

この少女は自分の見たものと、それへの答えを形にしています。

のやりとりが構造的な創造力になると考えています。そこには、単に子どものベッドに高価なモニターを置くということではなく、家族の動的な働きと子どもの自尊心の関係があるのです。

創造力を伸ばすには？

- 気持ちをありのままに表わそうと思えるよう、子どもが力添えを得たり、好きなように選べるようにしましょう。家族は、今までにない経験や他に選択があることをいつも歓迎しましょう。
- 着想を自由に扱い、展開できるよう、力添えをしましょう。たとえば、親が子どもの考えを聞いてあげ、次のように質問してさらに展開させます。「どうしてそう思ったの？」「～するとどうなるのかな？」というように。
- 子どもの独創性を認めましょう。さらに年齢とともに、個々の問題に対して一つにかぎらず他の解き方についても考えてみるよう、すすめてください。
- 子どもに規律をきちんと（しかし罰したりはせずに）守らせてください。限度もきちんと知らせ、子どもが自制できるようにしましょう。1時間に50のアイディアを出したところで、何一つ考え抜いたものでないなら、意味がありません。
- 子どもはきちんとふるまい、力をつくすと、親が確信を持ってください。
- 子どもの発想にある創造力を親が認め、思いやりのある目で見て、子どもがしてみたことを否定したり軽んじたりしないように。
- 子どもがあえて人と異なることをするにあたって、親がサポートすることは大切です。

- 親は子どもの力を信頼しましょう。子どもがやってみる前から、「難しすぎる」などと言わないこと。やってみて実際に難しすぎたら、「やってみたのだからすごいよ」と言ってあげましょう。
- 子どもが楽しんでしているときは、続けさせるように心がけましょう。
- 問題を見つける、またはそれを解決するにあたり、先導役を果たす。「どうしてそう思ったの？」と問いかけることが鍵になります。
- 決まった訓練をし、練習の機会を十分持つことと、それに並行して子どもに自由な表現をさせましょう。偉大な美術家もまた、素描の練習を積んでいたことを忘れないでください。
- 親自身が創造的であることは大切。子どもは親のすることをまねします。
- 本やテレビを通じ、あるいは大人や年長の子たちとの意見交換によって、子どもが創造的な考え方をする人びとに接するように。
- 杓子定規でなく、開放的であること。家族の中でこれはゆずれないという大切なものを決めたら、あとのことに関しては柔軟にしましょう。
- 子どものごっこ遊びや想像力を発揮する遊びを、親がすすんでさせましょう。
- 物語や美術や音楽がいつも子どもの近くにあるように。また、ダンスや運動など身体を動かす遊びがいつでもできるように。

子どもは、たとえば打楽器を創造的に扱って楽しみますが、子どもにとってさらに大きな成果は大人からよい反応が返ってくることです。

Birth order

生まれた順番

作家、科学者、あるいは企業の経営者であろうと、大きな業績をあげた人のリストを調べてみると、いちばん上の子どもがもっとも成功していることに気づきます。このことはどうやら男女を問わずにあてはまりそうです。

最初に生まれた子ども

最初に生まれた子どもは、さしあたり家族の中で大人だけに囲まれるため、自分は大人の世界と連続していると見るようになります。弟や妹たちが生まれると、上の子もまた「子どもたち」の一人になりますが、大人の世界の一員と感じていた最初の感覚はその後も残り、自分を、下の子たちよりも大人の世界の方に近いと、いつも感じているものです。

平均的に第一子は社会的成熟度が高く、同年齢で比較したときは、下の子たちよりも自己管理がよくできているケースが多いと言えます。また、言われたことを守り、責任感が強い場合が多いでしょう。子どもたちが成長するにしたがい、いちばん上の子は（特に女の子は）、弟や妹たちの世話人や助力者あるいは先生の役割をすることがあります。第一子は指示を出し、遊びを組み立て、弟や妹たちをかばいますが、言い争いや取っ組みあいのけんかもあります。性別が同じだとけんかになりやすく、特に男の子同士は殴りあいまで行きがちです。

親は第一子により多くの期待をかけますし、当の子も下の子どもたち以上に親が自分を認めてくれることを欲しています。しかし、こうした役割を重荷に感じる子どももいます。第一子に、臆病さ、自信のなさ、心配性、自責の念、人を失望させることの不安などが見られることがあるのは、その表われでもあります。こうした特徴は、平均的な第一子について述べたものですから、あなたのお子さんにかならずしも当てはまるとはかぎりませんが。

第一子のよい面としては、学校の成績がよい場合が多いと言えます（たとえ、弟や妹たちよりも賢いというわけではなくても）。親になることは実体験で学ばなければならないことで、最初からうまくいくとはかぎりません。そのため、第一子は過保護にされたり甘やかされる場合もあれば、下の子たちに比べて厳しく育てられる場合もあるのです。

後から生まれてきた子どもたち

第一子の後から生まれた子どもたちは、すでに子どものいる家族の中に生まれてくるので、初めから自分を「子どもたちの中のひとり」と感じています。たとえ弟や妹が生まれても、第一子の場合のように自分を大人の世界に近いと感じることはありません。第二子以降の子は、兄や姉たちの姿を見てまねをします。外で友だちを作るのを好み、外向的で、楽しいことが好きな性格であることが多いでしょう。二番めの子は、慣習を守るタイプとは言えず、またおそらくは集中的思考型ではないためと思われますが、IQ テストや学校の成績は第一子ほどよくないケースが多いでしょう。

では、こうした子どもはより創造力があると言えるのでしょうか？　一つ手がかりになることがあります。それは偉大な科学者には第一子が多い一方で、真に飛躍的なことをなした何人もの科学者（たとえばチャールズ・ダーウィンなど）は、真ん中の子どもなのです。一説によれば、真ん中の子どもは創造的な発想を持つことが多く、彼らの型破りな発想はときとして——ダーウィンの進化論のように——正しいことが判明する、ということです。

末っ子

末の子どもが生まれるころには、親はたいていゆとりを持てるようになります。いちばん下の子は、親や上の兄弟に甘やかされることが多く、また「最後の赤ちゃん」となるので、親と接近する度合いが特に大きくなります。末っ子は、兄や姉の行動パターンや傾向をどれも持っていることが多い傾向があります（子どもは兄や姉たちにいつでも付いていこうとするものです）。家庭が落ちつき、親も子育てへの自信を持つ中で生まれた末っ子の場合は、上の子のときには悩ませられた不安感や疑いを持つことは少ないと思います。

格づけしないこと

生まれた順番の影響についての研究では、子どもに現れる影響は、親が上の子、真ん中の子、下の子に対して何を期待しているかの現われなのかもしれないということが示唆されています。当の子どもが家族とどう係わるかよりもむしろ、親の期待が、子どもの成長にもっとも長期にわたる影響をもたらしうる、と言うのです。言い替えれば、親が子どもにどう接するかが生まれた順番の影響を生み出している、ということです。

この見解の是非はともかく、親は、生まれた順番の影響を補うことができますし、そう努めるべきです。子どもはそれぞれ必要なことが異なり、親の目配りにも限度がありますから、誰かが列の先頭になり、誰かが最後に付くことになるのは仕方ありません。並び方に決まりを作らなければ、公平にするのは難しいでしょう。どの子どもも、1日のうちで自分が先頭になる時間——他の子どもは待っていて——を持つ必要があります。そしてまた、誰もが列の後ろにいる時間も持つべきです。どの子どもにも脚光をあびる時間が持てるよう努めて協力したいものです。それから、こうした順番の中で、親もまた中心となるべき時間が必要であることを忘れないでください。

データから見ると・・・

２番目の子どもの不利な点

調査結果では２番目の子どもの次のような傾向があげられています。社会性の面で見劣りがある。親が時間をあまり割いてくれず、あまりほめたり、なだめてもらえない。落ちつきに欠ける。活動過多や粗暴さ、迷惑な行動などの問題が比較的多い。目的への意欲をあまりみせない。家族からの支援をあまり感じられずにいる。

同性同士、特に男の子同士の場合は互いに張り合いになりがちです。すすんで一緒に遊ぶのは、ほめられるべきことです。

The role of gender

性別の役割

この半世紀の間に、男女の役割の区別はかなりあいまいになってきました。と言っても、女性が女性であることを、また男性が男性であることを感じなくなったのではありません。性別への意識——性別をはっきり自覚する人が大多数であることは昔も今も変わりません。

性別に対する意識

子どもは言葉を正しく使えるようになるとすぐに、自分の性別を口にするでしょう。このとき、子どもは自分の今の姿はわかっていますが、「女の子の赤ちゃん」だったことや、これから「女性」に育つということがわかっているわけではありません。たとえば、男の子のするゲームをしたり、髪を短くしたところで男の子にはならないことは、まだよくわかっていないのです。しかし、4歳になるまでには性別の自覚もだいぶ定着し、「女の赤ちゃん」が「少女」になり、そして「女性」になるとわかってきます。ただし、性別が変えられないことを本当に知るのは、7歳になるあたりです。

性別ごとの役割を知るようになる

子どもはまわりの人を見て性別による役割分担を知ります。家族やテレビなどのメディアや本、あるいは友だちの考え、ときには偏見からも学んでいきます。子どもは物事をはっきり分けてとらえるので、初めは男女の役割を別々のものとして見ようとします。一般に、男女が共同して行なうことよりも男女がそれぞれ別に行なうこと（釣りや洋裁など）が子どもの目につき、それらが示す役割をまずとらえます。そして、7歳から8歳ごろまでには、子どもの考えに自分の家族の態度や、どのよ

うな文化の中で育っているかが反映されるようになります。

性別を自覚する

男性や女性であることの自覚は、一般的にみなされているような性別による役割とも、性別による優位さとも異なります。「わたしはこういう女性だ・男性だ」と自分自身を意識することの中心にあるものなのです。多くの親は性別による役割や優位さに関してとらわれない考え方ができるように子どもに望むのでしょうが、賢明な親は、子どもの性別の自覚について「進歩的」な態度をとったりはしません。自分が少年なのか少女なのかはっきり感じられないことは、子どもにとって不幸なことだからです。

性別の自覚は性別の役割とは異なるものですが、これもある部分はまわりの人を見て学びます。かつては、男女それぞれの役割はどういったものかを見ることは容易でした。男性なら外での仕事や車の運転、庭の力仕事や子どものしつけ、女性なら家事や買い物や料理や子どもの世話などだったでしょう。でも、今ではすべてが流動的なので、互いに異なる役割をみつける方がむずかしくなっています。

そこで、子ども向けには単純明解な答えが登場しています。女性に欠かすことのできない要素としておしゃれなお人形に、男性に欠かすことのできない要素として、筋肉隆々の男児向けのおもちゃに象徴的に具体化されています。1960年代以降、こうしたおもちゃの人気は高まるいっぽうです。今日の子どもたちには、単純な型が必要なことを示しているのかもしれません。

男の子と女の子の違いは？

男の子は女の子よりも弱さが目立ちます。けがなどの事故、重い病気、言葉や行動面の問題は女の子よりも多いでしょう。私たちは男の子は女の子よりもけんか好きでよく騒ぐと見る傾向があります。互いに大声で命令し、遊び場を駆けまわるからです。そして、女の子は男の子よりも静かで行儀がよく、座って本を読んだり絵を描き、友だちとは怒鳴りあわずにお話をすると見がちです。女の子の遊びの典型は、なわとびや手拍子をしながら歌う遊び歌などです。男の子の遊びの典型は、球技で競うことや昔も今もあるヒーローと悪玉の遊びなどです。就学前の男児が女児よりもじっとしていられないのはたしかですが、しかし、7、8歳ごろまでは男女の違いはそれほど目立ちません。実際、就学前までの子どもに、男女ではっきりと認められる違いを挙げることはほとんどできないのです。

就学前は女の子も男の子も同じ遊びをします。でも、自分の性別を服装で表わそうとすることはあるでしょう。

データから見ると・・・

性別の自覚はどこから？

子どもは家族をとおして性別を自覚すると考えられてきました。男の子であること、女の子であることを子どもに言い、家の外でそれ相応にふるまうようにしたり、家の中でも性別に応じた扱いをすることが性別を教えるとされてきたのです。しかし、近年の研究はこれに疑問をなげかけています。割礼であやまって性器を失った生後6か月の男児が、親から女の子であると教えられて成長したのに、、男子の自覚が育っていたからです。受胎後、数週間の子どもの体内ホルモンが関係していると思われますが、その働きはよくわかっていません。

男の子が静かにできないのはなぜ

子どもは小さいほど、じっとしていないものですが、男の子は特にそういうことがあります。注意力散漫で活動過多な子は女児よりも男児に多く見られます。

男児が思春期を迎えるのは、平均して女児より2年ほど遅いことが知られていますから、子どもの実年齢ではなく、思春期を迎えるまでの年数で対比すれば、男の子は子ども時代のほとんどを通じて、あきらかに成熟の度合いが低いことになります。女児はハイハイも歩くのも話すのも、平均して男児より早いことはよく知られていることです。ですから、女児がより注意力を保てることを驚くことはないのです。小学校入学時のほとんどの男児はまだ、同い年の女児ほどじっとしていられません。

子どもを集中させるには

落ちつきのない子どもを絵を描くなどの静かな作業に向かわせるには、どうすればよいでしょう？　いくつかの有効な方法をあげてみましょう。

- じっとして行なう作業の前に、必ず子どもが「発散」できているようにしてください。子どもはいつも、駆けまわったり騒いだりしたいという必要を抱えています。じっと座る前によく駆けまわっていれば静かになりやすいですし、脳への酸素のめぐりもよくなります。
- 雑音をふせいでください。子どもが集中しづらいのならばテレビやラジオを消しましょう。気を散らすものが目に入らない、静かな作業に向いた場所を選び、親は子どもの近くにいるとよいでしょう。部屋の角の机はよい場所になります。
- 気を散らすものは片づけましょう。作業に関係のないおもちゃ類は棚にしまうことです。よちよち歩きの下の子が邪魔するときは、作業机をベビーサークルで囲い、邪魔できないようにするとよいでしょう。

荒々しい外見やそぶりをして遊ばせることで、男の子には自分の中にある攻撃的な部分を無理なく発散させることができます。

Boosting confidence through creativity

創造力をとおして自信を高める

２歳ごろの子どもの生活は、一瞬一瞬にありますから、たとえ失敗して気を落としても数分たてばもう自信を取り戻しますが、４歳半になるころには、子どもは自分のすることにもとづいて自分を思い描くようになります。だから、何かの分野でうまくいくと、その自信が他にも広がっていきます。ある分野で何かがうまくできた子どもは、他の分野でもうまくいくと信じられるのです。

よちよち歩きの子どもは、遊びながらうまくできるという自信を得ていきます。新しい遊びができてほめられるときは特にそうです。

自己をきちんと評価できる子ども

2歳になるまでには、子どもは自分の年齢や性別、家族の中での位置について知るようになります。自分は誰が好きで、誰が自分をかわいがってくれるかもわかり、写真の中や鏡に映る自分の姿もわかります。このころの子どもの考えはシンプルですし、自分のとらえ方にも例外はありません。子どもは自分を、いい子か悪い子か、賢いかそうでないかと、細かな違いを抜きにしてとらえています。たとえば、自分が何をするかによって、賢かったり、そうでなかったりするということはわかっていません。2歳児はいつもいまこの瞬間のことだけに集中しています。今日は赤い短パンをはき、ボート遊びを楽しむ男の子だったのが、明日は青いジャンパーで、自転車から落っこちる男の子になるかもしれません。子どもの自己評価は状況によって変わっていくのです。自分は絵がうまいと思えば、絵を描いている間、その子どもの自己評価は高まります。歌がへただと思えば、歌う間は自分の評価が下がっていきます。しかし、成長するにしたがい、こうした状況ごとのとらえ方には変化が現われます。子どもが自分の能力や失敗を年々知っていき、いわば下地としての自己評価が作られると、それによって、自己をきちんと評価できる子どもとうまく評価できない子どもになっていきます。

自己評価に影響することは

自分をきちんと評価できる子どもは、親も自己評価が高い傾向があります。また、そうした子どもの多くは、養育者との結びつきがしっかりしています。養育者が、子どもにきちんと、公正で、首尾一貫した姿勢で接しているのです。

こうした背景に加えて、子どもにとって大事だと思われたことは、それがたまたま起こったことであっても、子どもの自信を高めたり、なくしたりするのに影響します。うまくいけば自分への評価が高まり、失敗すれば失います。きちんとした自己評価を持っているといっそう成功しやすくなるので、成功はさらなる成功を築き、逆に、失敗はさらなる失敗の原因になってしまいます。

自己評価を高めるには

・あなたの子どもが何ができるかによってではなく、子どもそのものを愛してください。
・行為に対して批判はしても、けっして子ども自身を非難しないこと。あなたの子どもはかけがえのない存在ですが、今回はふるまいがよくなかったにすぎません。
・子どもには適度なレベルのことを行なわせて、徐々に進めること。課題が難しいようなら易しくし、子どもがうまくできるようにしてください。
・結果に係わらず、子どもには、一生懸命やったことを誇りに思うということを伝えてください。
・子どもに挑戦の機会を与えてください。何か難しいことや重要なことをやりとげると、子どもは自分の評価を押し上げる経験ができます。
・子どもが何かに挑戦する際は、失敗のおそれが最小限となるようなことを選びましょう。いつも失敗ばかりすると、子どもの自分評価がしぼんでしまいます。子どもの年齢が上がるほど、失敗による痛手や落ちこみは長く尾を引き、自分は能力がないとか役立たずだと思いがちになります。
・子どもがやってみる前から、成功の大切さを強調しないようにしましょう。子どもがそれを感じると、失敗した場合に落胆します。うまくいったときは、終わった後で、ぞんぶんにほめてあげましょう。

データから見ると・・・

創造力と自己評価

調査によると、自己評価がしっかりできる子どもは既存のものだけで満足せず、より創造的です。また、高い創造性を示す子どもはたいてい自己評価がしっかりできています。子どもの創造力を後押しし、サポートすることで、子どもは自分への信頼を持ち、成功の可能性も高まります。さらに、こうしたメリットは子どもの成長後は生活全般におよび、自己評価や創造力だけでなく、親子関係の安定にもよい影響を与えるという調査結果がでています。

よく理解できる簡単なことを行ない、それができることで子どもはいい気分になります。子どもに急いで課題を押しつけないようにしてください。

Creativity for special children

障害のある子どもの創造力

特別なケアが必要な子どもの場合、自分から意欲を持ったり、自分で行動し始めるのは難しいかもしれません。視覚や聴覚に障害があり、感覚によって知覚し行動する通常のやり方ができない子どももふくめ、特別な励ましが必要となるでしょう。

それぞれの子が持っている問題は違います

子どもはみな、それぞれ異なります。障害のある子どもはみな、励ましと支えを必要としますが、一人一人のニーズは異なります。学習困難の子どもは行動や創造性へ向かう意欲の面で難しさを抱えていたり、身体に障害のある子どもは細かな動きや細かい物を扱うのは難しいものです。知覚に障害があったり、集中を保つのが困難なケースもあります。親がどんなに愛情深く献身的であっても、そうした子どもに健常な子どもと同じ外的刺激や経験を味わわせることはできませんが、それでも、子どもの経験を多くの場面で豊かにするのにできることはたくさんあります。しかしながら、献身的な親の努力にも係わらず、社会はともすれば障害のある子どもの能力を軽視し、そのため子どもは自己評価をそこないかねないのです。

無理と決めつけないで

子どもがもがいているときに、その脇に立ち、子どもがやろうとしていることを続けさせるのは容易ではありません。子どもが大変そうであればあるほど、親にとっても黙って見ているのはつらいことです。けれども、まさにこのことが必要なのです。いつも過剰な世話を焼かれていたら、幼い子どもは学ぶこ

特別なケアが必要な子どもは、道具が使えるまで時間がかかるかもしれませんが、ほかの子どもと同じ道具を使って楽しめます。

とができず、割って入られるたびに自分にはできないことを思い知らされて、苛立たずにはいられなくなります。困難にもがく子どもを放っておくのは残酷に思えるかもしれませんが、長い目で見れば、そのようにしてできるようになったことが、子どもの自己評価を高めてくれるのです。

心がけ

できることよりできないことの方が、人の目につきやすいものです。歩行ができないからといって話せないわけではなく、発話が明瞭でないからといって思考が不鮮明ではないのにも係わらず、そうであるかのように見な

子どもへの期待と実現

- 子どもにやらせてみてください。たとえ、時間がかかるにしてもです。
- 過保護にならないように。自分で闘うことを子ども自身が学ぶ必要があります。
- あなたにとって子どもがどんなに素晴らしい存在かを伝えることで、子どもの自尊心を育てましょう。
- あなたの愛情と理解を常に子どもに示してください。
- うまくいくと期待し続けましょう。あなたも子どもも、障害をうまくいかない理由にしないようにしましょう。

す人がいます。子どもにあるレッテルを貼ると、私たちはそのレッテルこそが本当であるかのようにふるまいがちです。すると、子どももまたそのレッテルのようになってしまいます。子どもが必要としているレッテルはただ一つ、自分はかけがえのない特別な存在なのだ、ということだけです。

適切な大きさのものを適切な場所で

特別なケアが必要な子どもも、他の子どもたちと同じ進み方で成長していきます。ただ、スピードと時間の経過は異なります。学習のための用具や手段、内容についても同じですが、まわりの子どもよりも歳が上だったり、身体が大きかったり、器用さの点で劣るかもしれないので、状況に合わせることが必要でしょう。たとえば、自分で動くのが難しい子どもであれば、動かしたおもちゃが子どもの方にひとりでに戻るような工夫をするとよいでしょう。机に傾斜をつければ、おもちゃは子どもの手元に戻るようになります。

参加することの大切さ

今日では「車椅子」と「運動選手」という言葉が結びつくのはごく自然になりましたが、かつてはかならずしもそうではありませんでした。車椅子でテニスができたり、非常にうまくなれるとは、50年前には誰も信じていませんでした。障害が子どもの性格に影響するのを抑えるためにいちばん実践しやすいのは、子どもが興味を持つことはどんなことでも、必ず参加できるようにすることです。

別の方法を考えましょう

- 指を細かく使えないのであれば、クレヨンや筆は大きなものにします。
- 筆が持てないのなら、手で絵の具を広げたり、口や足で筆を使ってもいいでしょう。
- 絵の具をスプーンで紙に落とせなければ、ボウルにコーンフラワーと水を入れて混ぜ、うすいクリーム状にしたものを使います。好きなようにかきまわして、表面のパターンをさまざまに変えることができますし、粉末絵の具を加えればパターンはよりはっきりします。
- 立って踊ることができなくても、大人の腕の中に入れたり、大人が手をそえれば車椅子に座ったままでも踊れます。
- ヴァイオリンを弾くことができなくても、ドラムやシンバルなら演奏しやすいかもしれません。

子どもはみんな、ある時期に指で描くことを楽しみます。手の動きを調整しづらい子どももこの方法でなら絵を描くことを楽しめます。

Avoiding burn out

「燃え尽き」を防ぐ

大人から言われなくても、赤ちゃんは日々学び、幼児も「なぜ？」「なぜ？」といろいろ尋ねてきます。わざわざストレスの多いことをしたり、楽しくない方法を選ぶ子どもはいません。子どもに何かを強要しすぎると、子どもが力を使い果たし、燃え尽きてしまう危険があります。

親の期待で子どもは育つ

親の期待は間違いなく子どもの能力に影響します。ケニアの農村では少女は5歳でもう赤ちゃんの面倒をみて、8歳にもなれば家族の食事の支度をするように求められます。少女たちはその役割をこなせますし、またすすんで行ないます。シーツは自分で敷くものとされている子どもは、自分でそうします。正しい音程で歌うことを望まれれば、子どもはそうします。学校で勉強がうまくいくものと期待される子どもは、そうなります。親が子どもを信頼していれば、子どもはすすんでことを行ない、大変でも投げ出さずにやりとげようとするでしょう。いったん子どもが「できる」と感じれば、すでに成功への途上にいるのです。自分で確信が持てれば次へ進むはずみがつき、うまくいかないときもすぐ諦めたりしないからです。期待を寄せられることで確信も高まりますが、ただし現実にみあった期待であることが必要です。

現実的な期待を

まわりの大人が子どもへの信頼を寄せれば、子どもにとって成功の可能性はより大きくなります。けれども、親があまりに多くを望みすぎると、子どもの自信を台なしにしかねません。一見、子どもがうまくやっているようでもその恐れはあります。幼児が学ぶのはなによりも学ぶことが楽しいからですが、子どもはまた、親に好かれたいため、注目してもらいたいために学ぼうともします。大きな望みをかけることは、知性に刺激をあたえ創造力を伸ばしますから、子どもにとってよいことです。また、子どもが自ら満足するよりも、もっと多くを親が要求せざるをえないこともあります。けれども、子どもの学ぶ喜びよりも親の多大な望みが勝るのは間違っています。

まわりが見えなくなる野心

　トップをめざしていくと、まわりのことは構わなくなりがちです。よく考えてみれば、大志は必ずしもよいものとは限らないということです。

　天才と呼ばれる子どもの背後には、たいていきわめて野心的な親がいます。テニス界のスターの親が、「あの子が自分で望まなかったら、ここまで来れなかった」とコメントした

子どもはたいてい楽器の演奏が好きですが、正規のレッスンはほとんどの場合、8歳未満では早すぎます。

りしますが、それはたぶん本当でしょう。このように、親の野望を子どもも共有できたり、成功への原動力を自ら生みだせる子どもにとっては問題ではありません。問題は、親を喜ばせるために（もっと悪いのは、親の怒りを避けるために）やらなくては、と思う子どもの場合です。

早すぎるのは……

子どもは大人のようになりたいと思い、自分のことを大人に喜んでほしいと思っています。家族が楽器を弾けば、子どももきっと参加したがります。けれども、楽器を弾くのと楽器を毎晩練習するのとでは意味が違います。音楽好きだったのに音楽をやめてしまう人の多くは、ごく幼いときから練習を始めている、という調査結果もあります。8歳で練習を始めた人が、その後も音楽を続けるケースがもっと多いのです。

同じことは読書についてもあてはまるようです。イギリスでは4歳から、アメリカでは5歳から読むことを教えられ、なかにはもっと早いうちから始めさせる親もいます。ところが、読みを7歳から正規に教える国よりも読むことが苦手な人が多いのです。読むことが好きでわからないときに聞きにくる子どもにとっては、べつだん問題になりません。無理強いされ、ついていけない子どもにとっては難しい問題があります。失敗することが問題になるからです。

「燃え尽き」を防ぐには

- 正規のレッスン――音楽や踊り、読み書きも含めて――を早く始めすぎないこと。子どもが幼い時期から始めることは成功の必要条件ではなく、逆効果になりかねません。
- 創造力は、他の人が代わりをすることはできません。創造力は子ども自身の心の中から出てくるもので、親のものではありません。
- 創造力を強いるよりも、その例を実際に子どもに見せてください。
- 創造力を育てるには自由であることと構造的であることの両方が必要です。この両方とも子どもに経験させましょう。
- 子どもの創造への探求を、親が私物化しないこと。親には自分の生き方をする必要がありますが、同じように子どもにも子ども自身の生き方があるのです。
- 何ができるかではなく、他でもないあなた自身が大事なのだと子どもにいつも伝わるようにしてください。
- 達成の程度にかかわらず、子どもの努力をほめることを忘れないで。

子どもが学ぶことが楽しければ、大人の期待にこたえてくるでしょう。

データから見ると・・・

赤ちゃんの燃え尽き症

アメリカでは、子どもが勉強をあきらめてしまう年齢がどんどん早くなっていることが明らかになっています。あまりに高望みをして子どもを駆りたててきた親は、まったく逆の結果を見せられているわけです。そうした子どもたちは、小学校に入学するまでにすでに自分は勉強に向かないと決めこむケースが多いのです。学ぶことの喜びが、親の度を越した望みの犠牲になってしまっているのです。

Balancing creativity with order and method

創造力・きまり・技法のバランス

子どもが初めてピアノに向かって鍵盤をたたいても、それはまだ音楽ではなく、弾くまねをしているだけです。創造力豊かな演奏家になるには、音楽独自の表現を理解し、実際の演奏技術や歌唱技術を身につけなくてはなりません。なにかの行為をすることと本当の創造性にはこのように違いがあり、それはどんな芸術表現にも言えることです。

自由な表現は大切ですが、創造的に描くためにこそ、この例のように、決まりにそって正確に行なうことも学ばなければなりません。

象徴的に捉える

子どもが物事を象徴的にとらえられるようになると、無数の創造的な体験が待っています。赤ちゃんにとっては、ボールは単に投げたり追いかけたり弾ませたりするものですが、それ相応の年齢になってくると、魔法のボールに変わります。オレンジにもなれば、しゃべらせることもできます。子どものごっこ遊びでは、ボールに他の何かを象徴させることができるようになるのです。

物やしぐさはときに何かを象徴することが

ありますが、言葉や絵図はそのもの以外を表わすことはあまりありません。象徴的に表す場合、ある行為や物を指す言葉があるように、周囲の具体的な何かをシンボライズすることもあれば、生き生きした旋律や荒々しい絵画のように感情や抽象的な特性を象徴化する場合もあります。

子どもはたいてい、見慣れた物や生き物を表わす言葉から覚え始め、感情を言い表わしたり行為で示すのはその後です。同じように絵の場合も、印のようなものを手あたりしだい描くことから始まり、次は物体を、それから物体と感情を描くようになります。

意味を表現する

子どもが歌いながら部屋にやってくれば、気分よく目覚めたことがわかります。子どもの絵に出てくるどの人にも膝が描いてあれば、昨日転んで膝をすりむいたのでそれを描いたのだろうと推測できます。子どもはまるで創造性豊かな芸術家がするように、自然に生まれる率直な表現で自分を表現しています。子どもを愛する親は子どもの心が表われている歌や絵をこのうえなく大切に思うものです。しかし一方で、広く一般に通じるように意味と感情を表現するには、より的確な組み立ての中での作業が不可欠です。

芸術的な行為になるために

多くの音楽家にとって音楽とは、すぐれた技術と心の動きの表現とを兼ねそなえたものと言えるでしょう。舞踏家や役者の演技にも同じことが言えます。創造的な表現には、一定の型の組み合わせが基礎にあります。劇や音楽や舞踏では、言葉や一つ一つの音、ステップは選びぬかれてそこにあります。それらをいかに解釈し、表現するかという制約の中で創造力が働くのです。芸術としての活動になるには、創造性豊かな表現が届けられるように、演奏、踊り、せりふの発声などの技術をみがかなければなりません。子どもたちがそうした技術を身につけるには、先生が必要です。建設的な批評がなければ、ピアノや歌をきちんと学ぶことはできません。きちんと体系立てられた方法で取り組んで初めて身につけることができるのです。

物語と視覚的な芸術

物語や絵画は、あらかじめ決められた枠組みにそれほど頼ることなく、想像力を駆使して率直に行なうことができます。といっても完全に形式から自由なわけではありません。お話には枠組みが必要です。200年前は、美術にもはっきりと定義された言い方——物を描く際に一般的にふさわしいやり方——があると言っていたことでしょう。現代美術が具象性よりも主観を打ち出すようになったために、私たちは子どもの絵も自由な表現の形式として考えるようになっています。

バランスのある練習を

創造的であるには、子どもには、構成力と自由な想像力を発揮する機会との両方が必要です。ほとんどの子どもは生まれながらに表現力が豊かですが、技術や手法は生まれながらに備わっているわけではありませんから、しっかり練習することです。たとえば絵の場合なら、子どもが自由に描く機会を持つと同時に、色をつける、点をつなぐ、文字を写す、必要なものを描くなどの練習を通じて、正確に絵筆や鉛筆の使い方を習うことが必要になります。ごちゃごちゃでも楽しい表現を子どもはするかもしれませんが、クリアーな表現ができるように促すことも必要なのです。大胆に表現力豊かに踊ることと同時に、より正確に動く練習もしなければなりません。最初のうちは、この二つの表現の仕方を分けた方が取り組みやすいでしょう。子どもはやがて自然に、これらの技能を結びつけます。

気ままででたらめな動きを子どもは楽しみます。こんなところから面白い結果が生まれるかもしれません。

Possible problems

問題が起こったときは

創造力ある子どもは、創造力におとる子どもよりも家や学校で問題を起こしやすいのでしょうか？　もちろんそんなことはありません。問題児とされる子どもは、まわりとうまくいく子どもよりも創造的であることが多いでしょうか？　そんな傾向もやはりありません。

事実と作り話

3歳児は事実と架空、想像と現実の間を自由に行き来しています。「ソファの裏のお化け」ごっこで少しの間遊んでいたかと思えば、次の日にはたんすの中にお化けがいると言って怖がります。このころの子どもは思いをそのまま表わすので、ときどき困ったことにもなります。私の息子はバスの中で「なんであの怖いおじさんがここにいるの？」と言って泣きだしました。バスの乗客の中に、読んだ本に出てくる人物を思わせる人を見かけたのです。どんなに言ってきかせても息子はおびえつづけるので、私たちは次の停留所で降りなければなりませんでした。

感情の開放

子どもはみな、もともと自由に感情を表わし、悲しいときは泣いて、うれしいときは笑います。しかし大きくなってくると、気兼ねなく感情を出しつづける子どもがいる一方で、感情をあまりあらわにしないようしつけられる子どももいます。子どもが創造的であってほしいと願う親にお伝えしたいのは、いろいろな感情を抱き、それを表わすのはまったく悪いことはないということです。そのことを子どもにも知らせてください。

怒りはうまく転じることができます。別のしかたで発散すればそれは創造的表現になり、人に迷惑もかけません。

感情を隠すこと、表わすこと

かつて男の子は、怒りを表わしてもよいが悲しみや痛みは見せるべきではないとしつけられていました。女の子は怒りは抑えるよう教えられましたが、悲しみを見せることは許されました。女の子は生来悲しみを感じやすいと言えるような証拠はありませんが、男の子は確かに怒って乱暴なことをしやすいと言えるでしょう。怒るとよく乱暴になるかどうかは、育ち方と大きく係わっています。暴力は連鎖し、暴力のある社会や親のもとにいると子どももその傾向を持つことが多くなります。

子どもが２か国語を話せるように育てることができるように、感情についても子どもは「バイリンガル」となり、ある状況では感情を見せ、別のときはあえて見せないことがあります。いじめっ子は弱そうに見える子どもをねらうので、感情の表出をコントロールすることは子どもにとって身を守る一つの大切な手段です。

大人にできること

・子どもの怒りと悲しみを受けとめてください。そうした感情を拒否しないでください。
・ふさわしくない行為は受け入れないこと。子どもが怒って人をたたくのを容認してはいけません。また、ひどい思いをしたからといって、いつも泣けばすむわけではありませんし、子どもは泣くだけで欲しいもの

よくない態度を叱っても、それは子どもに押しつけていることを意味しません。
むしろ、子どもは限度を学びながら創造的でありつづけられます。

を得られるわけではありません。

- どうしたらいいかを子どもに示してください。怒っている子どもに対しては、クッションを蹴るなり、腹立たしさを絵に描くなりするようすすめてみます。大声でどなったりドラムをたたいたりもできます。子どもが悲しんでいるときは、悲しい歌を聞いたり、大人に寄り添って少し泣いたり、悲しみを絵に描くこともできます。
- 気分を変えることを子どもに教えましょう。何かなぐさめになるものを持つと、子どもは感情の高ぶりをうまく対処できます。なじみの毛布、ぬいぐるみ、おしゃぶりなどを子どもに持たせましょう。

感情や行為が示す問題

創造的な子どもであっても、感情面での支えを必要とするのは他の子どもと同じです。創造的ということが、よくない行為の言いわけになったり、注意して当然の問題を見えなくさせるようではいけません。

創造的な子どもたちに、感情を爆発させ家族をふりまわすようなことをさせてはいけません。それでは教師や他の子どもたちから好かれなくなります。感情を表わすのはしかるべき仕方でするよう子どもに教えましょう。それで子どもの創造力が妨げられたりすることはありません。

知らない人や好きでない人に対してかんしゃくを起こす子どもはほとんどいませんし、かけ寄って抱きつくことなどもないはずです。もしも、そうした激しい気分の変動が見られるようであれば、それは芸術性の予兆などではなく、緊迫した問題をはらんでいると見るべきでしょう。

もともと一人でいるのが好きな子どももいますが、子どもが好んでそうしているとはかぎりません。自分の意思で一人でいるのではないなら、子どもは悲しんでいるはずです。同じ気持ちでいる友だちを見つける手助けをしましょう。また、教師に相談して意見をきちんと聞いてください。教師は子どもが人前でどうふるまうかを見ています。

データから見ると・・・

安心させる道具

それがあると安心できるお気に入りのものを持つ子どもは、自信がついて気分をうまくコントロールでき、自分の思いもしっかり表わせるというデータがあります。たとえ 12 歳でまだそうしたおしゃぶりや毛布を持っているとしても、こうしたメリットは当てはまります。

第2章

子どもの成長と発達

chapter 2　Development Charts

Development　2-2 1/2 years

子どもの発達段階1

大きいボタンならはめられます

2歳〜2歳半

子どもの発達の速度はさまざまです。全身の運動能力の発達が早い子どもは、手と目の連携もよくとれていることが多いですが、言葉の獲得や対人関係の技能、学習能力の進展については、運動能力の進展と直接つながっているとはかぎりません。そしてそれらの技能は同時には発達しません。また、子どもの成長はなめらかに進むのではなく、進展がなく見えるときも、飛躍的に伸びるときもあります。

体の成長と運動能力

- 歩き、話します。歩いておもちゃをひっぱったり、運んだりします。
- 三輪車にまたがり、足でけって動かします。
- 足は扁平足の状態で、小股で走りますが、足さばきはうまくできています。途中で止まったり、速さを変えるのはうまくできません。走りながら方向を変えるのも難しいと言えます。
- 短い外出ならベビーカーがいらなくなります。
- 少しの間つま先立ちができます。
- 階段をのぼるときは手すりにつかまります。どちらか片方の足を先に出して1段のぼり、のぼるごとに両足を同じ段に置きます。
- 少しの高さですが跳びあがったり、片足で跳ねることができます。腕をよくふりますが、かがみこむことはしません。
- 三輪車を障害物をよけて動かします。自分で動くときも障害物をよけます。

手と目の連携

- 左右のどちらかの手を好んで使います。
- つまんで物を取り上げたり、物をしっかり握ることができます（親指を他の指と向かいあわせにして使います）。指をさす、つつく、たたく、ねじる、返すなどができます。おもちゃを置いたりどこかに落とすことができます。
- 積み木の上にもう一つの積み木を重ねることができます。簡単な組み立てキットを使えることも多いでしょう。ジグソーパズルのピースをはめることができます。
- 本を見て、絵を指さします。
- 大きいビーズをひもに通すことができます。
- 大きいボタンがはめられます。
- クレヨンを扱えます。大人が描いた線をまねて描けることも多い。
- スプーンが使えます。フォークを使い始めることも多いでしょう。

言葉の発達

- 2歳で約 50、2歳半で 200 ～ 300 の単語がわかります。
- 2つの単語からなる文を使い、やがて3つの単語へと増えます。
- 代名詞（me, she など）や前置詞（in, on など）を使い始めますが、話し方はまだごく単純で、文が短く、語や語尾の抜けがあります。
- 大人がうまく導けば、自分のしたことなどを話します。何をしたいか伝えることができ、簡単な指示が理解できます。
- 本を読んでもらうのを好み、簡単な話ならおぼえられます。
- 話しかけられるとき、相手の顔をよく見ます。
- 自分の名前が言えます。ほとんどの子どもは住んでいるところも言えます。
- 次のような表現をします――反復「球をもっと（more ball)」。非存在「こぼれたミルク（all gone milk)」。属性「あの球（that ball)」。主語と動詞「フランキーが打つ（Frankie hit)」。主語と動詞と目的語「フランキーが球を打つ（Frankie hit ball)」。
- 単語を以前より明瞭に言えるようになります。

※以上は英語に関する言語発達です。

大人や子ども同士の関係

- 親愛の気持ちを持ちます。
- 慣れない場所や知らない人のいるところで、依存心をみせます。
- とつぜん機嫌をそこねて泣きますが、自分の好きな人たちに対してのみです。そうしたかんしゃくをいつ起こすかは予測がつきません。おさまれば、なにごともなかったようにいつもの姿に戻ります。
- 物を分けあい始めますが、自分のおもちゃを後から取り返すことも多いでしょう。
- 他の子どもといるのを楽しみます。

- 自分の性別を意識します。
- まだ食べ散らかしますが自分で食事ができます。自分で着替え始めますが、まだ手助けが必要で、靴を逆にはくといった間違いをします。
- 自分一人でやろうとしますが、自分にできることが現実的にわかっていません。失敗すると動転します。
- 他の子どもと遊び始めますが、おもちゃを横取りするなど手荒なこともします。

学びの力

- 「なぜそうなるか」を知ろうとし、何度も探ります。じっと見たり、何かを一心に行ないます。
- 写真や鏡にうつる自分がわかります。
- 模倣し、簡単なごっこ遊びをします。動物や物に人間の特徴を与えます。
- 簡単な韻律や歌をおぼえ、歌遊びに加わります。好きな本を1ページ飛ばしてめくられると気づきます。
- 外出したり新しいことをするのを好みます。
- おもちゃをおおまかに分類すること（ぬいぐるみと車、など）ができますが、さらに細かく分けること（小さい車と大きい車、など）はできません。同じ色の積み木二つを組み合わせることができます。
- お金でものを買えることを知りますが、お金の価値という感覚はありません。

Development　2 1/2-3 years

子どもの発達段階２

片足で数秒なら バランスが保てます　２歳半～３歳

子どもの成長はめざましいものですが、すべての子が、成長の節目に早めに達する子と同じように成長できるわけではありません。いくつかの節目で遅れぎみだったとき、次の節目でも遅れぎみとなると考えられますが、最終的には同じレベルになります。もし成長の遅れが長引くようなら、問題が残る可能性もあります。心配なときは発達のチェックを続けてください。

体の成長と運動能力

- 大人に手をとってもらえば、丸太上や低めの囲いの上を歩くのを楽しめます。
- 片足で立って、数秒ほどならバランスを保てます。
- 階段をのぼるとき、1段ごとに両足を置きますが、踏み出す足が交互に変わります。降りるときは、同じ足から踏み出します。
- はしごをのぼり、すべり台をすべります。
- 階段の下の段から、バランスをくずさずに飛び下りられます。
- 振りつきの歌の動作のまねができます。
- 親がベビーカーを使おうとしても、自分で歩きたがる子どもが多くなります。
- バランスを失わずにつま先立ちで歩けます。
- 三輪車のペダルをこげるようになりますが、足でけって進む方を好みます。
- 走るのに自信がつき、速くなりますが、まだ扁平足の状態です。向きや速さを変えることや、止まるときのコントロールはうまくできません。

手と目の連携

- 円や囲った形、十字を描き始めます。
- 粘土や砂や水を使って遊びます。スポンジをしぼったり、水差しから水を注ぐのをおもしろがります。
- 簡単なジグソーパズルで遊べます。簡単な形を組み立てて遊べます。
- はさみで紙が切れますが、形にそって切ることはできません。
- テーブルを拭くなど、簡単な手伝いを楽しみます。
- 本を見て、絵を指さします。
- クレヨンを何かを描くように動かします。簡単な形をまねて描けることも多いでしょう。
- 服を自分で着られ、着まちがいはありますが、食べるときよりは失敗が少なくなります。ファスナーや小さいボタンはまだはめられません。

言葉の発達

- 毎月50ぐらい単語を新しく覚え、3歳になるまでには1000ぐらいの単語がわかります。2つか3つの単語からなる文を使います。話し方はまだごく簡単ですが、明瞭になっていきます。
- 家族やペットの名前、どこに住んでいるかが言えます。
- 前置詞（in, onなど）を使います。
- 人称代名詞「わたし」「わたしを」「わたしの」（I, me, my）をひんぱんに使いますが、いつも正しいわけではありません。言葉で指示ができるようになり、感情を表現する言葉を使えることも多いでしょう。
- 絵本の話を楽しみます。
- 込み入った言い方を徐々に聞きとるようになります。
- “I walking”“I doing”と、be動詞が抜けた進行形で話します。
- 単語の意味や、物の名前をたずねるようになります。
- two ballsなど複数形のsや、Frankie’s ballなど所有を示すsを使います。動詞の過去形や人称変化を使うようになります。

※以上は英語に関する言語発達です。

大人や子ども同士の関係

- 親愛の気持ちや愛情を表わします。泣いている子をなぐさめることも多いでしょう。
- 親のそばを離れないこともありますが、保育園や幼稚園へ連れていくと、楽しく遊べます。慣れた場所では積極的に他の子どもと遊びます。
- かんしゃくは以前ほど起こさなくなります。かんしゃくを起こすのを予測しやすくなりますが、起こすと長引くことが多いでしょう。かんしゃくを起こす気配を見せたり、ときには——手に入らないものや無理とわかっていることを望んで——わざとやっているように見えることもあります。かんしゃくがおさまると、悲しがったり、反省の様子を見せることも多くなります。
- 「自分」という捉え方がはっきりし、自分の物に執着します。幼稚園では分け合いをしますが、家ではかならずしもそうではありません。
- 食べる物や着る物を選びたがります。
- 他の子どもといるのを好み、人が多いところにも慣れます。他の子と仲良しになることもありますが、一時的であることが多いでしょう。
- 自分一人でやりたがりますが、自分にできることが現実的にわかっているとはかぎりません。失敗すると動転します。
- 家での決まりによく従えます。

学びの力

- おしゃべりをし、簡単な話が自分でできます。
- 前日のことを思い出せます。さらにもっと以前の楽しかったことも思い出せます。その時々の状況に頼って記憶を引き出します。たとえば公園に行くと、そこで前回何が起きたかを思い出しますが、公園に行く前にはそうしたことは言いません。
- 何度も繰り返して同じことを行ない、覚えていきます。
- ３～４個の大きめのピースのジグソーパズルを完成できるようになります。
- ２つの物の大きさや高さを比べ、ちがいが言えます（正しいとはかぎりませんが）。

Development　3-3 1/2 years

子どもの発達段階3

組み立てて遊ぶのがうまくなります

3歳〜3歳半

子どもは3歳にもなると、成人したときの特徴の多くの最初の形を見せるようになります。赤ちゃんのときの姿よりは、むしろ成人したときの姿に近くなっているのです。研究者によると、恥ずかしがりで引っ込み思案の3歳児は、やはり恥ずかしがりで引っ込み思案と言える大人に成長するケースが多いとのことです。もし子どもが3歳ですでに、きわめて攻撃的で扱いづらい性質であれば、のちに気むずかしく、社会性のない行動をとるような大人になるのかもしれません。

体の成長と運動能力

- 走るフォームになめらかさがでますが、まだ扁平足の状態です。すばやく向きを変えたり急に止まったりはできません。
- 両足で5～10回ほど跳躍し、片足跳びは2～5回ほどできるようになります。腕を大きくふり、軽くかがんでから跳びますが、おりるときに膝は曲げません。
- 階段の一段を飛びおります。
- 7.5～10センチくらいの高さであれば跳び越えられます。
- 片足で1段のぼり、次にもう片足をそろえていくようにして階段やはしごの上り下りができます。
- 片方の足で踏み出し、もう片方を追いつかせながらちょっとした高さの渡しの上を歩けます。
- 床に置いた7.5センチ幅の平均台を、前に2メートル、後ろに1メートルほど歩けます。
- あまり高くない渡しや丸太の上を歩くのを楽しみます。つかまらずにできることも多いでしょう。
- 片足はスキップしますが、もう片足は歩いて追いつくような感じです。
- 部屋を端から端までつま先立ちで歩けます。

手と目の連携

- 物を置くことがかなり正確にできるようになります。ジグソーパズルのピースをはめるのも難なくできます。
- 組み立てて遊ぶのがうまくなります。
- 8個ぐらいのピースのジグソーパズルが完成できます。練習をすればもっと多くのピースでもできるでしょう。
- 8個かそれ以上のピースで塔を組み立てられます。
- 水や砂で遊ぶのを楽しみます。その際、正確な位置に水や砂が注げるようになります。
- 用具の扱いがうまくなり、あまり汚さずに食事ができるようになります。紙にはさみを入れたり、大人が描いた簡単な形をまねて描けます。
- テーブルに皿を並べたり、棚を拭くことができます。
- 服を着るのが上手になります。タオルを使って顔が洗え、歯ブラシも使えるようになります。

言葉の発達

- 疑問詞を使う質問をよくします（「どこで」「なんで」「何を」など）。
- ３歳でおよそ800から1000の単語がわかります。さらに毎月、50ぐらい新しく覚えていきます。
- ２つ～４つの単語からなる文を使い、ひと続きに話します。したいことや感じていることを伝えたり、今日あったことを話します。
- 疑問文をもちいて（can、have、didを使用）問いかけます。語順は正しくないことがあります。
- 否定形を使います（「キャベツは好きじゃない」「わたしの服じゃない」「やらなかった」など）。
- 本動詞以外の動詞を使います（「歩いているところ（I am walking）」「ほんとうに好き（I do like you）」など）。

※以上は英語に関する言語発達です。

大人や子ども同士の関係

- 親がいなくても遊べるようになります。
- 自分のしたことについて話します。自慢をします。
- かんしゃくが少なくなり、起こすにしても予測がつきやすくなります。かんしゃくを起こす前は不機嫌そうで、かんしゃくがおさまると、悲しがったり、反省の様子を見せることが多いでしょう。なぐさめてあげてください。
- 家での決まりによく従えます。
- 「自分」という捉え方がはっきりし、自分の物に執着します。
- 服や食べ物、何をするかについて自分で選びたがります。
- 仲がよい子など特定の子どもが遊んでいるからという理由で、することを選び始めます。

- 他の子どもとのやりとりが必要な遊びをします。
- いつも面倒をみる人が近くにいなくても、知らない大人と接します。
- 他の子どもや大人の言うこと、していることをまねします。
- 性別ごとの定型的な役割を強く印象にとどめます。

学びの力

- 親に対し、親が自分の経験を一緒に行ない、自分の見るものもすべて見ているかのように話します。
- ４つかそれ以上のピースのパズルができます。
- ある一つの特徴（白か薄い色つきかなど）にもとづいて分類し、組み合わせられます。
- 囲った形や線や十字を描きます。
- 死を一時的なものと感じます。悪いことが起きるのは自分が悪い子だからと思うことも多いでしょう。ＡがＢを引き起こすとき、ＢもＡを引き起こすと感じるので、自分が椅子にぶつかれば、椅子も自分にぶつかってくると感じます。
- 因果関係の捉え方は、ある物が別の物とどれほど近いか、という視点によります。たとえば、エンジンの音が車を走らせると感じます。

Development　3 1/2-4 years

子どもの発達段階４

人のようなものが絵に現れてきます　３歳半～４歳

３歳半になるまでには、子どもは赤ちゃんの最後のなごりを脱ぎすて、とつぜん、よちよち歩きの子ではなくなります。まだ自意識が過剰ではないこの年齢の子どもはよく話し、開放的で、愛情も豊かです。とても魅力ある年ごろと言えるでしょう。４歳になるまでには、もう大人と変わらないほどよく身体を動かし、よく話すようになっています。モラルや自分の行動への責任についても理解しはじめます。

体の成長と運動能力

- 走るとき、自在にスタートし、止まり、向きを変えるようになります。1回の歩幅もずっと伸びますが、まだ扁平足の状態です。
- 両足で10回ほど跳べ、片足跳びは5回ほどできます。速度を出して走ろうとしますが、あまりうまくいきません。跳躍も片足跳びも、まだぎこちなく見えます。跳躍にあまり身体のばねを使いませんが、腕はよく動かします。跳ぶ前にかがむのは最小限になります。着地のときは膝を曲げられません。
- 約80センチの高さから飛び下りることができます。トランポリンやベッドの上で跳ねるのを楽しみます。
- 階段を足を交互に使ってのぼりはじめます。下りるときは片足で1段くだり、次にもう片足をおろして下ります。はしごも同様の仕方で上り下りします。
- 立った姿勢から膝を曲げて床につけられるようになる子も多くなります。そのあと床に手を着かずに立ち上がることもできます。
- 7.5センチ幅の平均台の上を、前に2.5メートル、後ろに1.5メートルほど歩けます。
- スキップは片足だけで、もう片足は歩いているような感じです。
- 大人がしてみせる動きをまねできます。

手と目の連携

- まだごく単純ですが、人のようなものが絵に現れます。
- 自分で服を着られますが、靴の左右を間違えたり、ファスナーやボタンで手間どります。
- ジグソーパズルを始める前に、ピースを集めて準備します。2～3個のピースを連続してはめられることも多くなります。
- レゴで組み立て遊びができます。簡単なおもちゃの部品を組み立てられます。
- 服にこぼしたり、顔につけたりしないで、飲んだり食べたりできます。
- 粘土を丸めて玉にし、へらで切り分けられます。
- 手の使い方がスムーズで効率的になります。

言葉の発達

- 3歳半でおよそ1250の単語がわかります。毎月新しく50ぐらいおぼえます。
- 3つか4つの単語からなる文を使い、複文も使用します（「できると思うでしょ」「何を言っているかわかる」など）。簡単なお話を作って話します。
- 「なぜ」「どこで」「何を」といった疑問詞による質問に答えるのはまだ難しいでしょう（自分ではそのような質問はしますが）。
- 仮定や理由を示す言い方（「もし」「〜だから」）ができます。

※以上は英語に関する言語発達です。

大人や子ども同士の関係

- 他の子どもと一緒に遊びますが、自分のおもちゃは独占したがります。同性の子と遊ぶことが多いのですが、グループとしてはまだ男女が混じることが多いでしょう。
- 子どもによっては特別な友だちを持ち、好きな子たちがしているからという理由で自分がすることを選びます。
- 2、3人の子と一緒に、大人の世界をまねたごっこ遊びをします。
- 自慢は少なくなり、好かれることが重要になります。けれども、たくさん子どもがいる場所で一人で遊ぶことも多いでしょう。
- 「性別ごとの役割にあった行ない」という捉え方が子どもの中で強くなります。

学びの力

- 組み立てて遊ぶのを楽しみます。けれども、考えないで作るので塔がくずれたりし、思いどおりにできません。失敗すると機嫌をそこねます。
- 親に話すときには、まだ親が自分の体験を共有し、自分の見ているものもすべて見えているかのように話します（親と見ている方向が違うのがはっきりしていても）。
- 最初に描く人物は頭の形が不規則になります。目は頭の端のほうに置かれるか、両目とも顔の左上に置かれます。
- おしゃべりをし、過去や今後のことについて話します。あることが起きた理由について、自分の考えを説明するようになります。

Development　4-4 1/2 years

子どもの発達段階５

汚さずに食べられるようになります

４歳～４歳半

４歳になるまでには、子どもは自分から外に出かけていきます。何をしていたかを親に話すこともありますが、たいていは親の方から聞かなければならなくなります。この年齢までには、子どもは１日の何時間かは家族から離れて、他の子どもと過ごすのが普通です。どこが前と違うかは言いにくくても、ずっと成長したように見えます。そして実際、子どもは確かに成長しているのです。

体の成長と運動能力

- 走るとき、走り始めや曲がったり止まるときの調整がうまくなります。まだ少しだけ扁平足の状態です。すばやく横によけるのはうまくできません。地面からの蹴り上げが見られます。
- 速度を出して走ろうとしますが、あまりうまくいきません。
- ７回ほど片足跳びができますが、身体のばねはあまり使わず、腕を動かすのが目立ちます。
- 両足を交互に使って階段をのぼりますが、下りるときは片足で１段くだり、後からもう片足をおろします。
- 7.5 センチ幅の平均台の上を、前に 2.5 メートル、後ろに２メートルほど歩けます。
- 立ち幅跳びを 20 センチくらい、幅跳び（助走つき）を 60 センチくらい跳べ、20 センチくらいの高さなら跳び越えられます。

手と目の連携

- 人を描くとき、顔と目と鼻を描きます。足を描くこともありますが、ふつう胴部は描きません。家を描きます。車を描き始めることも多いでしょう。
- よく練習すれば、10 ～ 25 個ピースのパズルを完成できるかもしれません。
- 自分の名前を書ける子も多くなります。
- 自分で服を着られるようになります（いちばん着づらい種類を除けば）。
- フォークが使えます。ナイフでバターをぬることができます。
- 小さいボールを投げられます。大きいボールならば捕ることもできます。ボールを捕るときは腕と手を使って抱えます。
- はさみで紙を切ることができますが、何かを切り抜くのはまだ難しいでしょう。

言葉の発達

- およそ1500の単語がわかります。さらに毎月50ぐらい新しい単語をおぼえます。
- 4つから5つの単語からなる文を使います。
- 接続詞を使います（「お母さんはできると言う。だけどできないよ」など）。
- ぬいぐるみに話しかけ、本を読んであげるしぐさをします。ごっこ遊びのとき、しぐさでストーリーを表わします。自分が今していることを口に出すことが多いでしょう。
- 「ジョンが勝つとあなたにはわかっていた」のような言い方を理解しますが、自分でそのように言うことはほとんどありません。

※以上は英語に関する言語発達です。

大人や子ども同士の関係

- 他の子どもとよく遊びます。友だちと一緒にいられるように、何をするかを選ぶ場合も多いでしょう。ただし、自分一人で遊んでいても不満はありません。
- 他の子どもと会話し、笑います。何人かで一緒にする遊びで、何か役割を持てるようになります。
- 同じ性別の子と遊ぶのを好みます。性別の違いをステレオタイプに捉えますが、まわりの子の見方にも影響されます。
- 「大きくなったら大人の女性になる」「大人の男性になる」と知りますが、まだ、男の子がドレスを着ると女性になれるかもしれないと思っています。

学びの力

- 他人がどう見るかという視点を持つようになり、自分の見方と関連させます。そのため、自分が幼稚園で誰と遊んだかを親が知っていると思いこむのではなく、自分から説明するようになります。
- 2つかそれ以上の思いつきを結びつけて結論を出せるようになります。
- 人を描くとき、頭と足を描きます。胴部はまだないことが多いでしょう。
- 単純な描き方で家や建物や船や車を描きます。
- 自分で服が着られます（ボタンやファスナーはまだ手間どることも多いでしょう)。汚さずに食べることができます。
- テーブルに食器類を並べたり、物を2通りに区分できますが、整理するのはまだ難しいようです。
- 文字や数字がわかったり、自分の名前が書ける子も多いでしょう。

Development　4 1/2-5 years

子どもの発達段階6

タオルで手や顔を拭けますが全身は拭けません　4歳半〜5歳

この年ごろの子どもが動きまわるのを見ると、乳児のおもかげよりは小さな大人の姿を思わせます。子どもはいろいろな能力や性格の特徴を見せるようになるので、のちの成長した姿が、幼く若い形で現われていると思えるのです。外向的か内向的か、きまじめなほうか気楽なほうか、感情的か自己充足的か、お子さんはどちらだと思いますか？　もう子どもは、生後16か月のときの姿よりも、16歳を迎えるときの姿と似るところが多くなっています。

体の成長と運動能力

- 歩幅が大きくなります。35 メートルを 20 ～ 30 秒ぐらいで走れます。
- 速度を出して走りますが、走るのと跳ねるのを合わせたように見えます。
- 片足跳びが９回ほどできる子も多いでしょう。
- 階段やはしごを、足を交互に踏み出してのぼります。階段をおりるときも足を交互に出しますが、はしごはまだ、片足で１段おりたら、次にもう片足をおろしております。
- 7.5 センチ幅の平均台の上を前に３メートル、後ろに２メートルほど歩けます。
- 立ち幅跳びを 25 センチくらい、幅跳び（助走つき）を 80 センチくらい跳べ、20 センチくらいの高さを跳び越えられます。

手と目の連携

- 人を描くとき、顔と足を描き、腕を描くこともあります。
- ブロック形の組み立てキットを使い、簡単な説明にしたがって形を作りますが、アドバイスと手助けは必要です。
- たいていの文字（アルファベット）の形が書けることも多くなります。ぬり絵に色をぬりますが、きれいにはできません。
- 小さいボールを以前より正確に投げます。腕を振りおろして投げられることも多いのですが、狙いはうまくつけられません。球を捕るのもうまくなりますが、捕りやすいように投げてやる必要があります。捕るときはまだ体でつつむようにして捕り、小さなボールは捕れません。
- タオルにせっけんをつけて顔を洗い、歯ブラシに歯磨き粉をつけて歯磨きができます。手や顔を拭けますが、全身は拭けません。

言葉の発達

- 1800くらいの単語がわかります。毎月50ぐらい新しい単語をおぼえます。
- 4つから5つの単語を、文として連結して使えます。
- ぬいぐるみに話しかけ、本を読んであげるしぐさをします。ごっこ遊びのとき、しぐさでストーリーを表わします。今何をしているかを口にすることも多いでしょう。
- 接続詞を使います（「お母さんはできると言う。だけどできないよ」「ジェニーとぼくで遊んでいる」など）。

※以上は英語に関する言語発達です。

大人や子ども同士の関係

- 自分の考えや感情が他の人と共通するわけではないことを理解します。
- 友だちがしているからという理由で、自分がすることを選びます。
- とくに仲の良い友だちを持つことも多いでしょう。その仲がうまくいかなくなると動転します。
- おしゃべりを楽しむようになります。3～4人でおしゃべりをします。
- 一緒に遊ぶ人数が増えますが、1対1か1対2のほうが話しやすく、遊びやすいでしょう。

学びの力

- 簡単なボードゲームで遊べます。作戦を立てることはしません。
- 物がどこにあるかを覚えます。そのような記憶をためすゲームがよくできます。
- 1つの特徴にもとづいて組み合わせたり、数えることができます。3は2より大きいとわかりますが、6が5より大きいのはわからないことが多いでしょう。
- 自分で服を着ます。上着を着て、くつをはけますが、靴ひもやファスナーではまだ手助けがいります。汚さずに食事をし、ナイフで食べ物を切りますが、肉類を切り分けるのは助けが必要です。
- より込み入ったものを組み立てます。ピースの多いジグソーパズルをし、ピースが小さめのキットを使います。前もって計画することを始めます。
- 一つのことをするとき、二つかそれ以上の考えを一緒に使います。
- 人物を描くとき、手足をつけます。髪や指を描くことも多くなります。家や車を描きます。
- 冗談を言うようになりますが、どこがおもしろいのかはわかっていません。

Development　5-6 years

子どもの発達段階７

他の人がどう見て感じるかを考えるようになります　５歳〜６歳

６歳までには、自意識の欠落という幼児の特徴はうすれてきます。５歳児の場合、親になんでも話す子どもはまだ多いのですが、じきにそうではなくなるでしょう。子どもにとって、世界はこれまでは家族が中心でしたが、徐々に変わっていきます。親から教わり、支えてもらうことはまだ必要ですが、子どもの意欲や興味は、子ども自身の内側からわきだすことが多くなります。子どもは自分だけの心の目で周囲を見はじめます。

体の成長と運動能力

- 走るときの歩幅が増し、コントロールもうまくなります。すばやく横によけられるようにもなります。着地するまでの滞空時間が長くなります。走るフォームがきれいになります。
- 速度を出して走ることができます。走りだしたり止まったりすることが自在にできます。
- 片足跳びの動作がなめらかになります。かかと、ひざ、臀部のばねの使い方が大きくなります。
- 10 回かそれ以上片足跳びができます。女子のほうが男子よりもうまいでしょう。
- 下を固定していない縄ばしごをのぼることができます。ポールやロープをのぼれる子も多いでしょう。木登りをする子どもも多いでしょう。
- 7.5 センチ幅の平均台の上を前に 3.3 メートル、後ろに 2.4 メートルほど歩けます。
- 立ち幅跳びを 40 ～ 45 センチくらい、幅跳び（助走つき）を 80 ～ 90 センチくらい跳べ、20 センチくらいの高さを跳び越えられます。
- 垂直跳びで 5 ～ 7.5 センチくらい跳べます。
- スキップができます。6 歳になるまでには、スキップをするのに両足の母指球（親指の付け根のふくらみ）を使うようになります。

手と目の連携

- 動物や木を描きます。家にドアや窓などを描き入れます。自分の名前が書けます。
- 筆記具の使い方がうまくなります。簡単な点描をしたり、線をなぞったり、形をふちどる線が描けます。色をぬるのもうまくなりますが、まだ線からはみだします。
- 金づちが使え、ほうきで掃除ができます。はさみの使い方がうまくなり、直線や曲線を切りとれますが、なにかを切り抜くのはまだ難しいでしょう。
- ナイフで食べ物を切ることができますが、肉類を切り分けるのは手間どることが多いでしょう。

言葉の発達

- 5歳で 2000 以上、6歳までには 3000 くらいの単語がわかります。8歳までには 6000 ～ 8000 くらいがわかるようになります。
- 6つから8つの単語からなる文を使えます。文法的にもより複雑な構文を作ることができます（「猫が犬に追いかけられていた」（受動態）、「学校に行くことになるけれど、行きたくない」（不定詞）、「メグがボートを見せてくれた」（直接目的語と間接目的語）、「ぼくが自転車で遊ぼうとしてたのをデビッドは知ってた」（複文、推量）など）。
- 感情を言葉で表現でき、まとまった話ができるようになります。

※以上は英語に関する言語発達です。

大人や子ども同士の関係

- 親や友だち、兄弟・姉妹に対して愛情や思いやりを示しますが、意地悪やいばったりもします。他の子をからかったり、一緒に遊ばないと言うこともあります。兄弟との言い争いやけんかもあります。
- けんかをするとき、けんか自体が目的のように見えることがあります。そうした傾向は今後の1～2年は強まるでしょう。その一方で、けんか相手のことを守ろうともします。
- ゲームのときに（また実生活でも）作戦を立てることを始めます。意図してコントロールしたり、だましたり惑わしたりすることも多いでしょう。うそを言って非難をかわそうともします。
- したことをすべて話さなくなることも多くなります。親の存在がいつも自分の世界の中心ではないことがはっきりします。
- 大人数の中で行動できます。2～3人を相手におしゃべりをします。人を喜ばせることが好きですが、競争意識も強まり始めます。
- 感情を表現します。絵がなくてもお話を楽しめます。悲しい話に反応します。他の子どもと一緒のときに、笑ったり、こわがったり、反感を表わします。

学びの力

- 他の人がどう見ているか、感じているかを考えるようになります。
- 物を区分しはじめます。「丸と赤」「四角と青」など二つ以上の特徴から、組み合わせたり分類ができます。何かをするとき、手順を意識できるようになります。
- 文字やいくつかの単語がわかります。
- 道路標識に描かれたS字形に「文字」をみつけ、「ヘビ（snake）のs」などと言ったりします。
- 書き方を教われば、名前を書くことができます。
- 「もし～だったらどうなるか」を知ろうとし、よく観察して、考えを説明します。
- 昨日起きたことをおぼえています。さらにもっと前のことも話すでしょう。
- 自分でせっけんや歯みがき粉をつけ、洗顔や歯みがきをします。少し前より手ぎわよくできるようになります。

第3章

絵画と工作

chapter 3　Art and Craft

How your child learns to draw

子どもはどうやって絵を描くのでしょうか

子どもはクレヨンをにぎれるようになるとすぐ、紙の上にクレヨンをつけ始めます。そうして気づくのは、自分で何かを始められるということです。子どもの絵を飾ってあげれば、絵を描くことが特別なことであることが子どもに伝わります。

初めての絵

子どもが何かを描き始めるときは、まずクレヨンを紙から離さずに、つながった大きな渦のようなものを描きます。次の段階では、たまにクレヨンを紙から離すようになり、線や点が現われます。3歳半くらいまでには、円や四角、線、点、大きな渦、なぐり描きのようなものを描けるようになるでしょう。クレヨンをただ走らせるだけでなく、絵が何かを表わすことに気づき始めます。

最初に描く「顔」は、おそらく偶然でしょう。円と点がたまたま顔のように見えて、子どもはもう片方の目を描き足すのです。それを見て親は喜び、子どもの賢さをほめます。すると子どもはまた描き、顔は両目と口と鼻のあるものへとしだいに進歩をみせます。頭の形はおそらくいびつで、目、鼻、口が正しい位置にないことも多いでしょう。それでもはっきりあるということが、この年齢の段階では重要です。

顔を描くことをおぼえると、次はたいてい手足を描き加えます。でも、胴体は描かないでしょう。

3、4歳までにはたいてい何色かを使いはじめます。

絵に見る子どもの世界

子どもが意図して絵を描くようになると、筆記具の扱いもうまくなり、頭は丸く、目も適切な位置に描かれるようになります。そして足を顔に描き加え始めます。足をいくつも描くかもしれませんが、やがて2本に落ち着き、頭の下から出ているように描きます。また、頭に腕を描き加えたり、胴体部分を別に描く

このウサギは正面を向き、人のような顔をしています。これは幼児が動物を描くときの特徴です。

建物が変わってきても、子どもの描きかたは変わっていません。屋根は傾斜し、煙突からは煙が出ています。

かもしれません。どう描くにしても、腕は中ほどの位置についていると思います。本来の位置に描くよりはむしろ、手が使われる高さとしての位置に描くからです。

次に子どもは指（本数はさまざまです）と髪を少々加えるようになります。どれも実際の大きさではなく、重要な特性ほど大きく描かれます。子どもがまわりの人とふれあう接点として顔や手は大切なので、絵でも大きく描かれることが多いのです。

子どもが絵にするものは日々のできごとを反映してそのつど変わり、のどが痛ければ、絵の人物にものどが描かれることが多くなります。見るものそのままではなく、そこにあるべきものを子どもは描いているのです。絵の中の顔はいつもこちらを見ていますし、動物は横向きに描かれていても、顔はこちらを向いています。犬には脚が４本（位置がよくわからないとしても描くでしょう）としっぽが、猫にはひげが描かれます。

形と構図

４歳までには、子どもの絵は形を表わすようになります。それまで絵の中の顔は、走り描きの中に現われたものにすぎませんでしたが、このころからは他の要素とは離れて、顔がきちんと絵の中に見られるようになります。

絵の構成要素の配置にもバランス感覚が見られます。中心となるものはたいてい中央からややはずれたあたりに、飾りは左右同じくらいずつ両側に置かれます。こうした飾りは、始めは中心となるものにつけ加えられますが（腕、指、耳、服など）、しだいに別個のもので紙面をうめるようになります。草や花を家の左右に描いたり、あるいは絵の片側で太陽が輝き、もう片側で鳥が飛ぶ、などの絵も多くなるでしょう。

５歳までには絵に構図が見られるようになりますが、要素はばらばらに置かれています。車は道路から離れて浮かぶように、人も椅子（座面と四つの脚すべてが描かれている）から浮かんでいるように描かれます。煙突は屋根に垂直に置かれ、家は紙に対してではなく、たとえば丘に垂直に描かれるので、傾いて見えます。どれも見えた通りには描かれません。

花にはかならず花びらが描かれ、動物や人の顔のように正面を向いています。木はキャンディー棒のように、茶色のまっすぐな幹の上に緑が丸く描かれます。人の足（コーヒーカップのように描く）や車や動物は輪郭が描かれます。家族を描くときは、自分自身を親と同じくらいに、あるいは親よりも大きく描きます。集合住宅や二戸建て住宅に住んでいても、子どもが描くのは一戸建ての家でしょう。見たとおりの絵を描き始めるのは、７～８歳になるころからです。

子どもはたいてい、実際にあるものではなく自分が見たいものを描きます。青空に太陽がいつも輝き、花が咲いています。

才能を見つけるために

★言われなくても自分から絵を描きますか？

★走り描きであっても、描いたものが紙面にうまく置かれ、空きは両側が同じくらいになっていますか？　絵の上達と並行して、絵のバランス感覚も保たれていますか？

★手先が器用ですか？　ボタンをはめたり、ぬいぐるみに服を着せることが早くからできましたか？　練習しだいで絵の実技は上達しますが、手先の器用さは要求されます。

★描かれた形や内容に、その歳の子どもが描いたとは思えない上手さが見られますか？　たとえば、3歳以前に顔を描いていましたか？（この年齢では多くの子どもはまだ走り描きをするだけです）　同じ年ごろの子どもが描く絵に比べ、もっと細かいところまで描いていますか？　絵に動きが感じられますか、それとも紙にただ置いているだけですか？　5歳までに、絵がストーリーを語るようになっていますか？

★実際の大きさに合わせて描けていますか？　絵に奥行きが現れていますか？　自分が知っているように描くよりも、実際に見るとおりに描いていますか？

★絵を描くのが好きですか？　絵に感情が表われていますか？　怒っているときと悲しんでいるときとでは絵が異なっていますか？　自分をなだめたり落ちつかせたりするために、絵に取り組むことがありますか？

★色や構図をさまざまに試していますか？　絵の中の人物の向きが変わり、こちらを向くばかりではなくなりましたか？　うれしそうな表情や悲しそうな表情を描いていますか？

★自分の体験を絵に描こうとしていますか？

５歳児が描く典型的な絵。ネコの顔はこちらを向き、４本の脚が同じようについています。

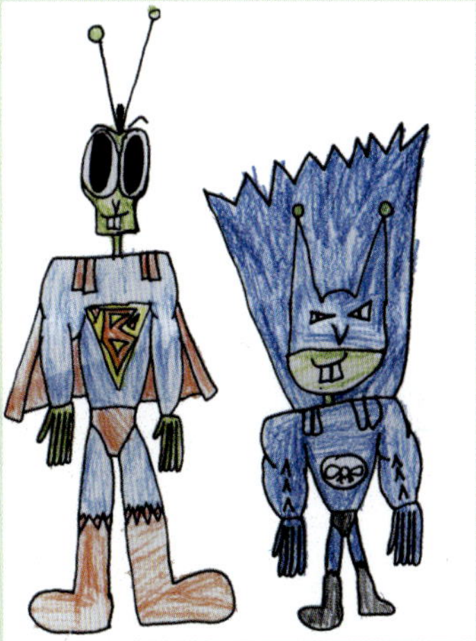

動きのある絵や細部まで描かれた絵。絵の素質のある子どもによく見られる例です。

◎発達段階の目安

2歳～2歳半

クレヨンを渡されると走り描きをする。1色で描くのを好む。

2歳半～3歳

クレヨンを紙面から離して線や点を描く。（最初の段階のシンプルな）顔を描くことも多い。

3歳～3歳半

始める前に何を描くつもりかを言う。人を描く。

3歳半～4歳

細かいところまで描き加え始めて、人物に手を、猫にひげを描く（位置が正しいとはかぎらない）。紙面を広く使うようになり、色数も増える。

4歳～5歳

より念入りに描く。紙面の全体をうめ、色も多く使う。家や木、車や飛行機が描ける子どももいれば、走り描きの段階からあまり進展を見せない子どももいる。どの子どももまだ、実際に目にするものよりは、そこにあるべきと思うものを描く。

5歳～6歳

腕を肩から出るように描くことが多くなる。人物の服を描く。紙面に構図が見られるが、実物大には描かれていない。そこにあるべきと思うものを描く。せりふの吹き出しを描くこともある。

この絵では、子どもはいくつもの要素を取りこんで描いています。もう少し大きくなれば大きさを考えて描くようになるでしょう。

大人にできることと子どもがすること

- 適切な道具を与えます。描画用に色鉛筆やクレヨンやフェルトペン、面塗り用に太めの絵筆やさまざまな絵の具を用意しましょう。
- 服を汚さないようエプロンを着けさせます。机に覆いをして汚れにそなえます。子どもが多少ちらかしたり汚したりしても、あわてないでください。
- 子どもの興味をつなぎとめるために、内容に変化を持たせます。子どもが描いているときは、かならず十分時間をとってください。
- 子どもをほめ、絵について話し合い、絵を飾ります。専用のフォルダーを用意し、絵を保管しましょう。表紙には名前を入れます。そのうちに、どの絵を保管したいか子どもの意見が聞けるでしょう。
- 最後まで仕上げる時間を与えます。もし時間を短縮するのであれば、あらかじめ子どもに告げて、絵を仕上げるようにしてください。

子どもが絵にいろいろな要素を入れ始めたら、絵の内容について子どもといっしょに話しましょう。そうすることで子どもの励みになります。

Getting ready to draw and paint

絵を描く準備

道具をうまく扱い、意図したことを目的に合わせて実行することを学ぶのに、絵を描くことは最適の練習です。それと同時に、何かを完成させること、静かに集中すること、人から評価されるものを作りだすことも楽しみながら学べます。

子どもが学べること

- 描くことを通してごく幼い子どもがまず学ぶのは、「自分がしたので、こうなった」という意識です。
- 子どもの絵を壁に飾ると、親がうれしがっていることが子どもに伝わり、子どもの達成感が高まります。
- 色をぬったり描画をすることは、手と目の連携を養うための、とてもすぐれた練習となります。
- 5、6歳までに、子どもは絵の中に感情を表わすことをおぼえます。
- 描画はとくに、紙面で意図したとおりに筆を運ぶことを学ぶすぐれた練習になり、子どもが字を書き始めるときにも生かされます。
- 子どものときに描画の練習をたくさんすればするほど、大きくなってからも美術の技能でも自信を持てることが多いでしょう。

始める前に

まわりを汚したり、服に色をつける心配をしていては、子どもは絵をぞんぶんに楽しめません。子どもにはエプロンやスモックを着せ、「汚してもいい場所」を用意しましょう。ダイニングのテーブルを使えれば理想的です。または、テーブルやその周囲を、汚れを拭きとれるテーブルカバーや新聞紙で覆いましょう。小さめのプラスチック製テーブルも向いています。粉末絵の具［使うときに水で溶くパウダーペイント。保管しやすく、無害な色素が使われることが多い］は溶いて、こぼれにくい容器に入れてください。

大人にできることと子どもがすること

- 絵の具を入れるこぼれにくい容器を用意します。まず、小さいペットボトルを切り、10～12センチの高さの下部と、それより短く細い上部（ネック部分）とに分けます。底には小石などの重しを入れ、安定させます。
  それから、下部の切り口の内側と、ネック部分の切り口の外側にボンドをつけます。上下を逆さにしてネック部を底部の中にはめ、のりづけした箇所で貼りあわせます（容器の底と内側のネック部分の下部とが触れないようにする）。ボンドが乾くまで置きます。絵の具を用意し、容器に入れて使います。使用しないときは、コルク栓をはめておきましょう。
- 絵の具などを使うときは、子どもにも注意させることが必要ですが、多少の汚れは仕方ないので、あまりしからないでください。
- 好きなように色をベタベタつけて遊べるような時間も毎日作ります。
- 汚してもいい場所を用意する余裕がないときは、クレヨンや色鉛筆で描くようにします。
- 子どもがすすんで片付けを手伝えるようにします。

● 絵筆・ペン・クレヨン

子どもが大胆に大きなものを描くなら、大きい絵筆と絵の具ビンがいるでしょう。細かめのものを描くなら、クレヨンや色鉛筆、フェルトペンが向いています。庭で使ったり、石の上で描くにはチョークが便利です。

大人にできることと子どもがすること

- 軟らかめの芯の色鉛筆、折れにくいクレヨン、水性フェルトペン、短く太めの絵筆（のり用の毛の硬い筆が向いています）を用意します。
- 絵筆と絵の具を溶き入れた容器を色別にそれぞれ用意しておき、絵の最中に水は使わないようにします（汚れ方がひどくなるため）。筆は描き終わった後で洗います。
- チョークで描きやすいのは、屋外の、タイルで舗装した場所です。次の絵を描く前に、水で洗い流しましょう。

● 紙と絵の具

画材店ではさまざまな色の紙が入手できます。ふだん描くために使うには、ＯＡ用紙や包装紙、壁紙の裏を活用します。紙の吸水性には注意が必要です。てかりの強い紙は色がのらず、吸水しすぎる紙は破れてしまいます。固形絵の具よりも粉末絵の具が使いやすいでしょう。数色あるだけでも、子どもの描くものはみごとなバラエティを見せてくれます。

大人にできることと子どもがすること

- 粉末絵の具をけずった石けんやコーンスターチと合わせて溶きます。
- 幼い子どもには、次のような絵の具を用意します。小麦粉大さじ１と水少々をなべに入れ、かき混ぜながら沸騰させます。これに食用色素を加えます。
- 使い古しの壁紙は、手の跡をつけて遊ぶのにうってつけです。足跡もつけてみましょう！ボウルに粉末絵の具を溶き、わきには壁紙を広げます。足をボウルにつけ、紙の上で歩きます。

もちろんこれは家の外でしかできません。家に戻る前に子どもの足をよく洗ってください。

- 小さいバケツまたはペンキ用の缶、そしてハケを子どもに渡します。ペンキの代わりに水を使って、庭のフェンスや外壁をペイントするように塗ります。
- 空きボトル（洗剤の空き容器など）に水を入れ、水を撒いて通路や中庭で描きます。

学ぶべきことと自由であること

幼児が絵を描いて知るいちばん大切なことは、描くことそのものの楽しさです。ただし大きくなってから学校で絵を楽しみ、その後も続けるようになるためには、描画の技法を身につける必要があります。

7、8歳になると、子どもは写生を始めます。何を描くつもりかわかっているので、もしできないと思えばやめてしまうでしょう。残念なことに多くの子どもがそうなっています。

大人にできることと子どもがすること

- ぬり絵帳や点描用のノートを子どもに与えます。
- 簡単な形をまねて描くよう、すすめてみます。ステンシルに沿って描いたり、パズルのピース、皿やレンガや木製小物などの手本を用います。
- 紙の下にコインを置き、軟らかめの芯の鉛筆やみつろうクレヨンでこすって模様をうつします。樹皮やエンボスのついたカード、壁紙などでもやってみましょう。
- 年長の子どもには、簡単な絵を模写するよう提案します。より正確に描くにはどうするか、いっしょに話し合いましょう。
- 表現手法（絵と写真など）を組み合わせてみることを子どもに教えます。簡単な形を自分で描き、あとは雑誌から切り抜いた写真を貼りつけます。切り抜いた車を道の絵に、馬を野原に、ボートを海に、といったように貼りつけます。
- 技術的な練習と並行して、自由に描く時間もつねにとりましょう。
- 感じていることを絵や色で表現するようすすめます。たとえば、「とても腹が立つことの絵」「悲しいことの絵」などです。

Drawing and painting activities

いろいろな描きかた

絵を描くこと（描画や彩色）は、幼児にとって、創造性を表現する手段としてとても大切なもののひとつです。さまざまな素材や技法を試す機会をぜひとも子どもに与えてください。

子どもが学べること

- ラッピング用紙や招待状を作りましょう。
- 形や空間把握の感覚を高めます。
- 手と目の連携を養います。
- 自然の物や科学知識から発想を得られます。
- 問いを発し、新しい答えを考えることになります。

● 野菜や木の葉、ひもを用いたスタンプ

野菜を使って2歳児でもスタンプ遊びができます。粉末絵の具（91頁参照）を皿に溶いて、切ったジャガイモなどをのせ、紙の上で押していくだけです。ひもも利用できます。溶いた絵の具にひもをひたし、紙の上で自由に動かして描きます。木の葉や切り分けた果物もスタンプになります。

大人にできることと子どもがすること

- 新聞紙を手元に用意します。スタンプを最初に押すときは色がつきすぎるので、まず新聞紙に押します。
- ジャガイモやカブなどに模様を刻み入れるのもよいでしょう。ジャガイモを回して使えば、模様に変化がでます。スポンジもいろいろな形にカットして使えます。
- 色を溶くときの濃度や、紙の吸水性によって、できあがりに変化がでます。
- 手に色をつけてスタンプすることもできます。指の位置を変えれば、いろいろな形になることを子どもに教えてみてください。

抽象的な絵では、想像力を作って色を自由に楽しむことができます。

● 指やスポンジで描く・しぶきで描く・吹いて描く

どれもごく幼い子どもに向いていますが､年長の子どもでも色をベタベタつけて遊ぶのは楽しいことです。手の動きを調整するのが難しい子どもにはとくに有益です。その場合は溶いた色を直接トレーにとり、紙に押しつけ、動かして描くとよいでしょう。

大人にできることと子どもがすること

- 小皿を複数用意し、別々の色をのせます。指に色をつけ、指で描くやり方があることを子どもに教えます。
- スポンジや布きれでも描いてみましょう。まず絵の具などを小皿に入れます。小さく切ったスポンジ（海綿がよい）や小さな布きれを子どもにもたせます。絵の具などにひたしてから、紙にあてて描くという方法を子どもに伝えてください。
- 吹いて描く方法もあります。まずストローから息を吹く仕方を子どもに教えます。水を多めにして色を薄く溶き、紙の上に滴らせます。ストローでその色の水滴を吹いて模様をだすのです。
- できた色の模様を紙に写しとります。トレーの上、または他の固く平らな面の上に、ストローなどで吹いて描くか、指やスポンジで色を広げます。吸水する紙をその色の上に気をつけてのせ、はずして乾かすとできあがりです。
- マーブル模様の色のついた紙を作りましょう。まず、小麦粉をのり状に溶いて（色はつけない)､皿にのばします。油絵の具大さじ１をその上にたらし､棒でまぜて渦を作ります。その上にゆっくり紙をのせ、30 秒ほどおいてから紙をはずすと紙にきれいなマーブル模様を写しとることができます。
- 色をたらしたり、はじいて描く方法もあります。筆に色をつけ、紙の上でたらします。筆をコツコツたたいてみるよう子どもに教えましょう。筆をゆすったりたたいたり、毛の部分を指ではじいて、色のしぶきで描くのです。

折った紙に色を写す

3歳以上の子どもに向くやり方です。できあがりに子どもはびっくりし、よろこぶでしょう。

まず紙を中央で折りたたんでから広げます。つぎに色を紙に（筆をたたくなどして）軽くのせます。ふたたび紙をたたみ、平らに押さえて色を広げます。紙を広げて、どんなデザインができたか見てみましょう。

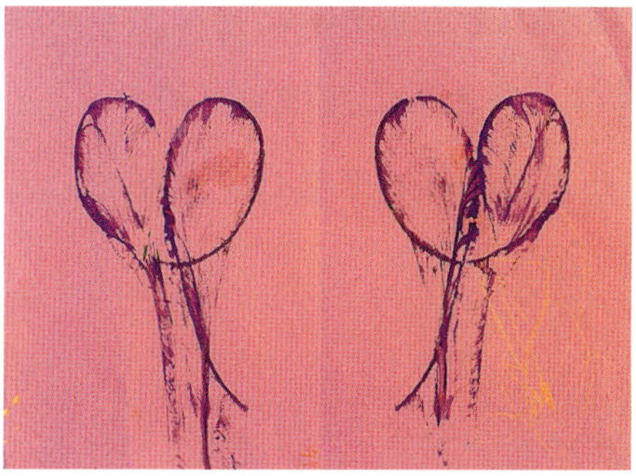

絵の具にひたしたひもを折った紙にはさんで模様を作ります。

大人にできることと子どもがすること

- 濃いめに溶いたさまざまな色を用いて、いろいろな種類を作ります。
- 紙を折ったり押さえたりも子どもにさせます。
- ラメなど光るものと小麦粉ののり（104頁参照）を加えたものも試してみましょう。

見えない絵を描く

年長の子どもが友だちと楽しめる遊びです。秘密のメッセージや絵を描くのです。

ろうそくをこすりつけた紙を、その面を下にして別の紙の上にのせ、重ねた上から強めに描きます。このあと色をのせると、メッセージや絵が現われます。

大人にできることと子どもがすること

- 見えない絵を別のやり方でも描いてみましょう。
  ジャガイモやレモンの絞り汁で秘密のメッセージを書きます。オーブンを低温にして紙を温めると、手品のようにメッセージが現われます。

Cutting and pasting

切って、貼る

切ったり、貼って作ることは、子どもにとって創造力をさまざまに発揮できる機会となります。また、目で見ながら上手に手を動かす、目と手の連携を高める、とてもよい練習にもなります。切って貼ることは、最初から最後まで続けて作業することを学ぶうえでも最適です。

作業を分ける

紙から形を切り抜いて別の紙に貼るのは、3歳児にはまだ手助けなしに難しすぎます。絵を選び、切り抜き、のりづけし、紙の上で配置しなければならず、作業段階が多すぎるためです。

このくらいの年齢では、一つ一つの作業を別個に行なう方が楽しめるでしょう。上達するにつれて、しだいに作業の全体に興味が向かいます。5、6歳になるまでには、あらかじめできあがりを考えるようになることも多いですが、あとで計画を変えることになるかもしれません。

必要な技術

絵を切り抜くには2つのことが必要です。はさみで紙を切ることと、はさみを絵にそって動かすことで、後者は子どもにとってはか

子どもがスムーズに技術を身につけられるよう、年齢にあった適切な道具を選びましょう。

なり高度な作業になります。のりづけも、見かけよりはずっと複雑な作業です。貼るもの全体にのりをつけ、他のところにはつかないようにしなければなりません。小さく切り抜いたものだと特に難しくなります。紙にのりをのばし、その上に切り抜いたものを置いてのりをつける方が簡単にできるでしょう。
絵に不要なのりがつくのを防ぐには、小麦粉などの粉をのせ、あとではらい落とすとよいでしょう。

大人にできることと子どもがすること

- 文具をきちんと選びましょう。小さめで先端の丸いはさみ、のり用の短い筆、先がボール状などになった使いやすいのり、水を吸っても破れない厚紙か丈夫な紙などを用います。
- 手順をきちんと示しましょう。先に切り抜き、その後でのりづけをします。文具などは最初から全部出さなくてもかまいません。のりづけの前まで進んだら知らせるよう子どもに言っておけば、子どもも、一連の手順があることを意識します。
- 子どものできることに合った作業内容にします。3歳の子どもなら、絵に人を貼るときは、切り抜きは大人が担当します。
- そばで見て、子どもが失敗しかけていたら手助けしてください。
- できあがったものを壁に飾ったり、マグネットで冷蔵庫にとめましょう。子どもにもっともよく伝わるほめ方になります。

習得のためのステップ

切って貼る技術が段階を追って身につくようにしましょう。作業が難しすぎて子どものやる気がそがれたりしないように気をつけます。

1 紙を手で切る——まず、手で紙を細長くちぎることを教えます。次に、直線や曲線状にちぎる練習をします。うまくできるという自信がついたら、大人が手助けをしながら、形や絵や写真にそってちぎってみます。

2 切り抜く——まず、細長い紙の帯をはさみで切り分けます。大人も手伝いましょう。次に、直線にそって切り、続いて曲線にそって切ります。これらの練習が、簡単な形を切り抜くための準備になります。その後で絵や写真の切り抜きにすすみます。

3 のりづけ——まず、切っていない1枚の紙にのりをつけることを教えます。全体にのりづけできるようにしましょう。次に、もっと小さい紙にのりづけしてみます。これがうまくできれば、次は切った絵をのりづけします。

◎発達段階の目安

2歳～2歳半

紙を細くやぶることをおもしろがる。細くした紙であれば、はさみで二つに切り分けられることも多い。紙にのりをのばせるが、手順にそってするわけではなく、手助けが必要。のりを広げた紙の上に置いたものを、別のところに貼りつけられる。

2歳半～3歳

はさみでチョキンと切ることに自信がつく。指導されれば、紙の全体にのりをのばせる。子どもが目で見てわかるように、のりに色をつけてみましょう。

3歳～4歳

絵のだいたいの形にそって紙をちぎれる。手順にしたがってのりづけできるようになる。ちぎったものの裏にのりづけできる。形にそって切るのにはさみを使い始める。

4歳～5歳

切る作業が上達するが、まだそれほど正確ではない。手ぎわよくのりづけできる。貼るものを意図した場所におけるようになる。

5歳～6歳

より正確に切れるようになる。できあがるものには計画のあとが見られるが、まだ全体よりは部分に関心が向いている。

こうしたデザインには正確に切ることが必要です。5、6歳未満の子どもではまだほとんど無理でしょう。

才能を見つけるために

★工作の技能全般には、手と目のよい連携が欠かせません。
積み木で塔を作るとき、年齢からいえる目安よりも高く作っていますか？　2歳までには、最後にのせる積み木をそっと置くようになっていましたか？

★2歳になる前にクレヨンやペンを使えましたか？　3歳までに、あらかじめ描かれた線をなぞって描けましたか？　点をつないだり色づけするのが好きですか？

★手を使う技能が要求される課題を、自分から選んで行なっていますか？

★ボタンやファスナーを早いうちからはめられましたか？（第2章を参照）

★手首を回すことができますか？　レゴを組み立てたり、ねじをはずしたりできますか？

★その歳の子どもにしては、あまりちらかさずに食事をしますか？

★形を見分けたり、組み合わせたりするのが得意ですか？　ジグソーパズルは好きですか？

★のりがはみでたり、切るのが曲がったりしても、落ちついていますか？

★細かな作業が好きですか？　やってみる前に考えていますか？

Snipping, ripping and dropping

切る・ちぎる・散らす

練習をしなければ手先を上手に使う技能は身につきませんし、手ぎわよく行なえるようにもなりません。コラージュ作りの作業では、子どもの技術のレベルに合わせることに加え、次の段階にすすむ前にあらかじめ練習することが必要です。

子どもが学べること

- うまくいかないとき、いらいらするのが抑えられます。
- より手ぎわがよくなり、計画を立て始めるようになります。
- 最初から最後まで行なうようになります。
- 静かにすわって、集中できるようになります。
- 能力がつくよろこびを得られます。

手をうまくコントロールしないと切りとる作業はできません。根気強く待ちましょう。ちょきんと切ったりちぎることなら子どもも早くおぼえます。切りとる作業を通じ、子どもは形を変えるという大切な工程を知ります。

● はさみで切る・ちぎる・切り抜く

チョキチョキと切ること——それだけでも幼児にはおもしろいものです。大人がきちんと見ていること、子どもに適したはさみ（小さめで先端の丸いもの）を使わせることを守れば、２歳児でもはさみの練習は始められます。チョキンと一度で切れる幅の、細長い紙の帯を用意してください。雑誌のカラーページや使い古しの便せんなど（少し厚みがあるほうが扱いやすい）を用いるとよいでしょう。最初に切り方を子どもに教えてください。

大人にできることと子どもがすること

- はさみを上手に入れられるようになれば、次には薄手のカードや新聞紙、麦わら、さらに細めのパスタやビーフンも切り始められます。
- 紙の幅を、２回で切れる幅、３回で切れる幅へと広げていきます。
- はさみの入れ方に失敗がなくなり自信がつけば、次は切り抜くことをおぼえる番ですが、正確に切るにはさらに別の技術を身につける必要があります。
- 形にそって描くことやトレース、点をつなぐ練習もさせてください。
- 新聞紙のちぎり方を子どもに教えてください。線をひき、子どもが線にそってちぎれるかどうか見ます。楽しんでできることが大切で、失敗しても気にしないようにしましょう。少しずつ難しくして、見出しやコラム、そして最後に写真にそってちぎれるようにします。
- これまでのスキルをまとめます。線にそって切る方法、角を切る方法、そして形にそって切る方法を教えていきます。少しずつ行ない、最初から高いレベルを期待したりしないようにしましょう。

● のりを作って使う

小麦粉を使うのりは家で簡単に作れます。小麦粉ひとつかみに塩ひとつまみを入れ、水を少しずつ、たえずかき混ぜながら加えます。ねばねばしてきたらできあがりです。接着力をもう少し増すには、2分の1カップの小麦粉にライト・クリーム［脂肪分が少ない生クリーム］状になるくらいの水を加えて、たえずかき混ぜながら、5分間弱火で煮てください。これらののりに、食用色素を数滴加えて色づけすることもできます。のりはびんに入れ、冷蔵庫で保存します。

こののりは紙やその他の軽いものを貼るのに適しますが、もう少し重いものを貼るには、木工用ボンドがよいでしょう。市販品では、酢酸ビニル樹脂系（PVA）のものが子どもが使うのにもっとも適しています。毒性がなく、どこかに付いたときもぬらせばたいていとれ、また、乾けばたいていはがせます（服についてとれなくなったときは、いちど冷凍庫に入れ、凍った状態にすればはがせます）。修理工がグリースをとるのに使う、手洗い用のジェルも効果的です。

のりの上に飾りを落としてできあがりを楽しむ方法もあります。手芸用の飾りがなければ、ボタンや乾燥食材やホイルなど手近にあるものを使ってもおもしろいですよ。

大人にできることと子どもがすること

- 最初は、子どもの好きなようにのりづけさせてみます。その後で、均等にのばすことを教えましょう。
- 紙面の、のりをつけたくない部分（別の飾りを置きたい部分）を何かで覆ってからのりをのばし、貼るものを置いたり飾りを散らします。それから、覆った部分に置く次の飾りを選ぶ、というように作業をすすめるとうまくできます。
- 紙面を覆うには、カップや皿も使えます。覆いたいところに置き、のりはそのまわりにつければ、散らしたものは、のりづけした場所だけにつきます。

● 散らして貼る

のりを広げた面には、あらゆる種類のものを散らしたり貼ったりできます。無造作にやってみるのもよいですし、パターンにそってもよいでしょう。単純に散らすだけなら、紙面にのりを広げ、好きなものを置けばできあがり。壁にかける前に、余分についたものをはらい落としておきます（散らしたものがパスタやひき割り豆など重めのものだったら、まずよく乾かします）。

紙やラメ、ココア、草の葉、花びらなどの軽いものは小麦粉ののりで接着できますが、レンズ豆などの重めのものには酢酸ビニル樹脂系の木工用ボンドを用います。

切って貼ることをいったんおぼえれば、子どもの作れるものは限りなく広がります。

大人にできることと子どもがすること

- 散らす材料としては、次のようなものが利用できます。コーヒーの出し殻、インスタントコーヒー、コーヒー豆、紅茶の葉、卵の殻、種子、米、レンズ豆などの乾燥豆、さまざまな形のパスタ、切りきざんだ紙や布、脱脂綿、砂、スパンコール、ラメなど。
- 外へ出かけるときには、次のような材料を集めてみましょう。木や草の葉、花びら、樹皮、羊毛、鳥の羽、草の実や種子の綿毛、乗りものの乗車券など。

幼児の場合は大人がかわりに形を切り、子どもが貼ります。できあがりを見て子どもは達成感を得るでしょう。

Making collages and cards

コラージュやカードを作る

このページで紹介する作業には計画性と、さらに大人の指導が必要です。大きいコラージュには数日かかるかもしれませんが、誕生日カードなら1時間以内でも作れます。まずどんなものにするかを決めて、材料を集めます。

子どもが学べること

- ある決まった目標に向けて作業ができるようになります。
- 手と目の連携を促します。
- 技術への自信や達成感が高まります。
- 静かにすわって集中することと、楽しむことを知ります。
- 途中で切り上げ、また戻るという、連続した作業を行なうことになります。
- ひとりでも作業を続け、必要なときには大人に尋ねます。

簡単なコラージュ

まず、どんなものを作るかを決めます。テーマを外の景色にすると、手に入れやすい材料が使えます。よい選択肢の一つです。たとえば雪景色なら、脱脂綿と旅行雑誌から切り取ったスキーヤーや山の写真が使えます。布きれからは家、麦わらからは屋根、紙やすりからは庭の小道が作れます。紙やカードには景色の下描きを描いておきましょう。のりも含め、必要なものをすべて用意してから始めます。子どもに一度にすべてを渡すのは避けます。

子どもは好きなように貼って楽しむだけかもしれませんが、できばえを見るとよろこぶでしょう。

このような要素の多いコラージュは、幼児の場合、2、3回に分けてつくることになります。

大人にできることと子どもがすること

- さまざまな色の紙を使います。夜の景色なら暗い色、ビーチを描くなら黄色や青、草がたくさんあるように見せるなら緑、などと変えてみます。
- 選んだ材料をうまく貼れるかどうか、使うのりを確かめましょう。つきにくそうなものがあるときは、接着力の強いものを与えるなどして子どもをフォローします。
- 子どもが作業をひとりで楽しんでいたら、尋ねられたときだけアドバイスします。子どもが飽きかけているようなら、これまでの作業の進行をほめましょう。
- 構想を立てて作業するときは、初めにできあがりについて子どもと話し合っておきましょう。作業中、最初の計画を子どもが忘れかけていたら、思い出させましょう。
- 絵を材料でうめていくには時間がかかることもあります。作業が何日かにわたっても大丈夫なようにしておきましょう。

技法を組み合わせる

絵の特定の場所に、アイテムをていねいに配置していくのがコラージュです。このコラージュの技法を、材料を自由に散らす技法（105頁参照）と組み合わせることもできます。コラージュで前面を作り、散らす技法で背景を作るのです。描画や彩色、その他のいろいろな技法に、コラージュを組み入れることもできます。

大人がそばについて見ていると、子どもの励みになるだけではありません。コラージュ作りでひどく散らかるのも防げます！

大人にできることと子どもがすること

- まず絵をかき、その後で漫画や雑誌から切り抜いたものを加えましょう。
- ひもを使って色をつけ、グリーティングカードが作れます。ひもを絵の具にひたし、紙の上で引きずって色をつけます。
- 木の葉のスタンプを花や葉と組み合わせたり、芋のスタンプで背景を作り、フェルトでつくった形を前面に置いてもステキですね。
- 絵の具をはじいて色づけした背景に、脱脂綿やラメを加えてみるのもよいでしょう。

お面を作る

ハロウィーンや怪物ごっこの遊びのときにうってつけの工作がお面づくりです。できたお面は、夜中に怖いものを追いはらう意味で、子ども部屋のドアにかけるのもいいでしょう。お面は怖がる性格を克服するのにも役立ちます。怖いものに対し笑って遊べるよう、子どもをうながすためです。

お面を簡単に作るには紙袋を利用します。一度子どもの頭にかぶせて目の位置を確認し、印をつけます。はずして、目のところをくりぬきます。ボール紙や紙皿でも作れます。

大人にできることと子どもがすること

- 紙袋のお面に顔を描きます（ビニール袋は決して使わないこと）。羊毛のふさを用い、髪やまつげやまゆをつけます。裏面に加工がある破れにくい紙なら、大きく口を切り抜くこともできます。
- ボール紙で大きなお面を作ります。紙を筒状に曲げ、頭の両側にそうようにして、縦の長さは頭よりも高くします。お面の下の方に目の穴をくりぬき、子どもの頭を超える、大きな顔がきわだつお面にしてみます。細長く切った新聞紙や脱脂綿、ウールなどでお面に鼻と目をつけます。まつげや口はクレヨンで描きます。
- 紙皿でも簡単なお面が作れます。クレヨンやコラージュの技法を組み合わせて、顔を描くのです。

● クリスマスカードや招待状を作る

子どもが手作りしたクリスマスカードや誕生日カードには誰もが魅かれてしまいます。クリスマスカードを簡単に作るには、古いカードを切り抜いて利用したり、濃紺の背景に金の星を貼るなどの季節にあわせたシンプルなデザインを用います。マーブル模様の紙や絵の具をはじいて色づけした紙（96頁参照）を細く切ってコラージュにしても、見栄えのよいカードになります。

記念のカードや招待状作りにも、同様のやり方が活用できます。誕生日やお見舞いなど、さまざまな機会があるときに、自分で工夫して作れば、買ってきたカードよりももっと喜ばれることを子どもは知るはずです。また、お祝いごとや特別な機会に、自分も貢献できることがわかるでしょう。

大人にできることと子どもがすること

- 家にコンピュータがあれば、子どもといっしょにメッセージや挨拶文を作り、プリントしてカードに添えます。
- パーティーの座席表やメニューを作ることで、家の行事の準備に子どもも参加できます。大人が他の用事で忙しいときの助けにもなります。

Modelling clay and dough

粘土や小麦粉をこねる

子どもは粘土などのこねられるものを触るのが大好きです。丸めた粘土とへらを渡せば、子どもはだまっていても粘土を切り分けたり、丸めたり、表面をつついたりします。まだ小さいうちは、形を作らないで、粘土をいじっているだけのことも多いかもしれません。

素材の感触を体験する

人さし指と親指を向かい合わせに使えるようになると（1歳になるまでにできるでしょう）、子どもはいろいろと物を触り始めます。おもちゃをたたいたり、つかんだりしてから、すぐに今度は人さし指と親指で物をつまみ、押したり、引いたり、落としたりし、やがては思ったところに置くようになります。このように物の扱いが身についてくるにつれて、物を探るやり方にも変化が現われます。何でもまず口に入れようとしていたのが、たたいたり、突いたり、なでたり、にぎったりするようになります。子どもが最初にこねられるものを手にしたとき、主にするのはこのように素材を探ることです。何を作るかよりも、まずは素材の感触を体験するのです。

手触りを楽しむ

２歳児はまだ触っているだけなので、湿った粘土のつるつるした感触を喜びます（まわりを汚しやすいので気をつけてください）。あるいは、細かくした新聞紙に水に吸わせ、余分な水分をしぼったものでもよいでしょう。ボウルに入れた米などなら、あまり汚れもつかず、子どもは指の間を通じて感触を楽しみます。また、水で溶いたコーンフラワーも手でかき混ぜて遊べます（調理バットに入れて渡しましょう。黒すぐりの汁などの食品を使って色をつけてみましょう）。小麦粉を練ったものをこのくらいの歳の子どもに粘土がわりに与えるときは、少し油を加えるとよいでしょう。水で練った小麦粉と食用油少々をなべに入れて、とろ火で軽く温め、ねばりがわずかに出るくらいにします。

乾いた砂はさらさらした手触りを楽しめ、

子どもはごく幼いうちから粘土細工を楽しみます。ほぼ５歳までには子どもは自分で満足できるものをつくります。

湿った砂はにぎったり、形を作って遊べます。大きな敷物を敷くか、床が洗えるような場所があれば、家の中でも遊べます。ボウルに半分くらいの砂で十分でしょう。

作って遊ぶ素材

粘土は子どもが扱うのにすばらしい素材ですが、ひどく汚してしまう場合があります。遊び専用のスペースを十分にとれないかぎり、扱いには特別な注意が必要です。晴れた暖かい日に、テラスや庭で粘土遊びができれば最高です。

小さい子どもが、ふだんこねて遊ぶには小麦粘土が最適でしょう。じゅうたんの上で踏んでしまっても簡単に取れます。塑像用粘土はじゅうたんにつくと取りにくいのですが、細かな形を作るのに向くので、年長の子どもや粘土細工が得意な子どもは小麦粘土より好みます。

作った形を保存する

粘土で作ったものは乾くと壊れやすくなり、保存するには窯で焼くしかありません。作り終えたら、ふたたび粘土の玉に戻すのが現実的です。もし、取っておけるものを子どもが作りたがるなら、パピエマシェ［紙粘土。接着剤入りのパルプ素材］やソルト・ドウ［塩を大量に加えたパン生地］を使います。または、家庭のオーブンで焼ける専用素材が市販されているので、それを用います。

大人にできることと子どもがすること

- なるべく早い年齢から始めましょう。幼いうちからこねる素材を触っていろいろなことをやっていると、それだけ粘土細工に親しめるようになります。
- 汚れても叱らないでください。粘土の粒が散ったり、髪につくのをいつも気にしていては、粘土細工は楽しめません。
- 床を覆い、子どもにはエプロンをつけさせて汚れに備えます。髪が長い子は束ねてください。水性絵の具などで粘土に色をつけて、準備をしましょう。

◎発達段階の目安

2歳～3歳

素材の手触りを楽しむ。やり方を見せてあげれば、粘土の玉を切り分けられる。ソーセージ状にのばすことも多い。

3歳～4歳

素材を使い始める。平たくのばしたり、切り分けたり、何かの形にするが、たいていはまだ素材を触ることそのものに注意が向いている。

4歳～5歳

物を作り始める。粘土で形を作り始めるのは、ふつうは単純な人物や家を描くようになってから。最初に作るのは単純な形で、ヘビや玉、椀状のものなど。さまざまな物を使って粘土に痕をつけたり、クッキー型でくりぬいて遊ぶ。

5歳～6歳

作るのが上達するにつれ、できあがりに満足する。できたものを取っておきたがることも多くなる。

才能を見つけるために

★さまざまな素材の手触りを楽しんでいますか？

★絵を描いたり、らくがきするとき、紙面の両側に同じくらいの量を配置していますか？　絵の上達と並行して、絵のバランス感覚が保たれていますか？

★空間や構築に関することが得意ですか？　たとえば、積み木で塔を作るとき、年齢から見た目安よりも高く作っていますか？

★手を使う技能が要求される課題を、自分から選んで行なっていますか？

★形を見分けたり、組み合わせたりするのが得意ですか？　ジグソーパズルは好きですか？　3歳になる前にパズルで遊び始めましたか？

★レゴなどの組み立てキットがお気に入りのおもちゃに入っていますか？　どのように組み合わさって物ができているかを「見る」ことのできる子どもは、立体模型作りも得意です。

★何かを作るとき、細かいところまで取り組んでいますか？　たとえば、ヘビに目をつけていますか？

★できあがったものに、その歳の子どもが作ったとは思えない上手さが見られますか？　4歳未満の子どもの多くは、粘土で何かを作るというよりは、まだ感触を楽しんでいるだけです。

★ちらかしたがりますか？（作業中にちらかすのは悪いことではありません。）

焼いてニスがけすれば、粘土で作った物を保存できます。実際に使えるものを作れば、子どもは作品を目にして自分の能力を忘れずにいられます。

Play dough, salt dough, papier mache

小麦粘土やソルト・ドウ、紙粘土を作り、遊ぶ

雨の日に家でする、とっておきの遊びをいくつか考えておくことをぜひおすすめします。小麦粘土やソルト・ドウ、紙粘土（パピエマシェ）は、手近にある材料で作れるのが大きな利点です。

子どもが学べること

◆ 自分の力で無理なく、満足できる成果があげられます。それが自信につながります。

◆ 大人といっしょに行ない、後に残せるものを作れます。

◆ こねて形を作りながら、「こうするとどうなるか」を考えられます。「自分でできた」と思える機会も増えていきます。

◆ 静かにすわって、こねたり作ることに取り組むのは、大きくなってから高度なことをこなす集中力を養う準備になります。

● 小麦粘土の作り方と遊び方

小麦粘土には市販品もありますが、家庭でも簡単に作れ、ずっと安上がりです。基本と

なる材料は次のとおりです——小麦粉カップ2、塩カップ1、食用油大さじ2、水カップ1、食用色素少々。パン焼き機やフードカッターで混ぜあわせるか、または手でこねて作ります。最後に大きめのフライパン（または低温にしたオーブン）に入れて温め、軟らかなかたまりになるように仕上げます。

油を入れなかったり、加熱しないでこねるだけではなめらかさを欠きます。軟らかめに仕上げるためには、油を基本量より少し増やしてもよいでしょう。食用色素を材料中の水に溶かして加えれば均一に色がつき、こね終わるあたりで加えればマーブル模様になります。あるいは両方のやり方で色をつけてみるのもよいでしょう。水に黄色を加え、黄色い生地を作ってから、さらに赤を加えてこねます。黄色の地に、赤とオレンジのマーブル模様が加わります。

粘土を長もちさせるには小さじ2の酒石英（クリーム・オブ・タータ）を加えます。小麦粘土は密閉できる容器にしまってください。乾きぎみになったときは、油脂をたらした水にさっとつけ、ふたたびこねて、加熱します。

大人にできることと子どもがすること

- 手触りが異なる小麦粘土をいくつか用意します。小さな子は、にぎったり、切り分けたり、丸めたりして遊びます。
- コインやおもちゃ、木の葉や小石などで粘土にくぼみをつける方法を教えてみてください。
- クッキー型で形ぬきをしたり、プラスチックのへらでまわりを切ってみます。
- 色の違う粘土を合わせてのばし、しま模様のヘビを作ります。
- 子どもの手形や足形などを作るのにも、小麦粘土は適しています。粘土はやや厚めにのばします。そこに手や足を押しつけます。そのまま数日間おいて乾かします。

ソルト・ドウの作り方と遊び方

ソルト・ドウは乾くと小麦粘土より固く仕上がるので、保存したい物を作るのに向いています。材料は次のとおりです——小麦粉3カップ、塩1カップ、水1カップ強、グリセリン（薬局で買う）大さじ1。生地に弾力がでるまでこねます。できたソルト・ドウで形を作り、そのあと焼き固めます。ベーキングペーパーまたはアルミホイルをしいた天板に並べ、150度に予熱したオーブンに入れます。薄めのものは1時間半ぐらい、厚いものはさらに時間をかけて焼きます。途中、きつね色になりかけたら温度を下げます。さまして固まったあと、ニスをかけたり、ポスターカラーで色をつけてニスがけしましょう。

大人にできることと子どもがすること（ソルト・ドウでいろいろな物が作れます）

- 子どもの上着用のカラフルなボタンや楽しい形のボタン
- 子ども部屋のネームプレート
- ドールハウス用の食器や食べ物
- ブローチやバッチ（焼くまえに裏に安全ピンをとりつけます）
- ビーズ。針金をよりあわせて太くし、油をぬったものに、ソルト・ドウを巻きつけて作ります。針金は大きめのジャガイモに刺し、立てた状態で焼きます。
- 怪獣やクリスマス用の飾り（糸を通す穴をあけておきます）
- はし置き
- 子どもの手形や足形。底がはずせるケーキ型にベーキングペーパーをしき、ソルト・ドウを入れ、平らにのばします。手や足で押します。焼いて冷ましたあと、ニスをかけます。

紙粘土の作り方

十数枚の新聞紙を細長くやぶき、ボウルに入れ、熱湯を注ぎます。新聞紙がむらなく浸るようにし、数時間おきます。どろりとするまでこねたあと、しぼって余分な水分をとり、酢酸ビニル樹脂系（PVA）の木工用ボンドを3倍の水でうすめたもの、あるいは小麦粉ののり（104頁参照）を加え、混ぜあわせます。粘土や塑像用粘土くらいの固さが必要なので、もし水気が多すぎたらもう一度よくしぼりましょう。

大人にできることと子どもがすること

- 粘土と同じ使い方で、紙粘土で鉢や人形、動物、ドールハウスの家具が作れます。安上がりなので、大きな物を作るのにも最適です。
- 型を用いて形を作ることもできます。ボウルをふせて置き、底の面をラップやワセリンで覆います。その上に紙粘土をのばし、丸1日おいて乾かします。丈夫な鉢を作るには、この作業をくりかえし、層を重ねます。最後の層が乾いたら、型からはずします。
- 風船を型にして、紙粘土で頭の形が作れます。紙粘土が固まったら、風船を割ります。もっと凝った形の動物などを作るには、針金の枠を使います。

Using bought materials

買ってきた素材を使う

ペストリー生地から砂にいたるまで、子どもが形を作って楽しめる市販品はいろいろあります。後で食べられるものや飾りになるものを作ったり、ただ作って遊ぶなど、いろいろとやってみましょう。

子どもが学べること

- 他の人との作業を楽しみます。すすんで手伝いをしたり、子どもでも家の日常の仕事を何かすべきと考え、実行できます。
- 後で食べられるものを作るのは、料理やその下ごしらえへ導くステップになります。
- 混ぜあわせたり、型に入れたりなど、できあがりまできちんと作業できるようになります。
- 想像力を発揮し、自分なりのものを作ります。
- 大人といっしょに作業し、長く残せるものや人に楽しんでもらえるものが作れます。

● 食べ物

調理には、混ぜたり、切り分けたり、形を作るといった作業が多いので、子どもはたいてい喜んで手伝います。たとえば紙粘土を作る手順にも似た、伝統菓子の一つパン・プディングの作り方は次のとおりです。

パンを切り分け、牛乳、卵、香辛料を混ぜたものにひたします。しぼって余分な水気をとり、バターをぬった皿にパンを層にして並べ、上にスグリ（ベリー類）をちりばめます。中温のオーブンに入れ、焼きあげます。

子どもが好む作業の一つが、ケーキ生地を混ぜあわせることです。やり方を教えていっしょに行ないましょう。できたものを食べられるというとっておきの楽しみもあります。

大人にできることと子どもがすること

- マジパンで動物を作ります（食用色素で色をつけてみます）。
- ショウガ入りクッキーの人形を作り、スグリで目をつけます。
- 市販のシュガーペースト［練ってある着色ずみのもの］から星形を切り抜き、ケーキを飾ります（濃い青のペーストに白い星をのせると見栄えがよくなります）。また、ペストリー生地で形を作り、パイの飾りにしてもよいでしょう。
- パイ生地をのばし、形を切り抜いて、オーブンで焼きます。ジャムを間にはさみ、できた形をいくつか重ねます。
- サラダ用の米やクスクスを子どもに混ぜてもらいましょう（手をきれいに洗うこと）。
- 冷ましたマッシュポテトに缶詰めのツナを混ぜます。塩・こしょうをし、卵を加えます。丸めてすこし平たくし、パン粉をつけて揚げます。

樹脂粘土

フィモ（Fimo）と呼ばれる樹脂素材は、成形しやすく、家庭のオーブンで焼き固められるもので、オーナメントやアクセサリーを作るのに使われます。色数が多く、混ぜあわせてマーブル模様に仕上げることもできます。

大人にできることと子どもがすること

- 年長の子どもの場合、説明書にしたがって凝った形を作るかもしれません。小さい子どもはたいてい単純な形で満足し、ボタンやブローチ、イヤリングなどを作って楽しみます。焼いた後はニスをかけます。
- 留め具などもついたキットを探しましょう。本格的なものができれば、子どももいっそう喜びます。色をとりまぜてマーブル模様などにしてみましょう。

鳥用のプディング

キッチンで子どもでも簡単に楽しめることの一つに、庭に来る鳥の餌作りがあります。軟らかな素材を型に入れるなどの作業があり、さらに、野外の生き物をじっくり見ること、やってくる鳥を見分けることを通じ、観察力を養うことにもつながります。年長の子どもなら、来た鳥の記録をつけるかもしれません。子どもの作業に大人が手を貸して、いろいろな種子や穀粒、ドライフルーツ、パン粉や脂身などをとり混ぜてプディングを作るとよいでしょう。耐熱ボウルの中で材料をあわせ、フライパンで溶かしたラードをかけますが、ラードを扱う作業は大人が担当し、子どもにはスプーンで混ぜさせます。もし、脂が吸われてしまい全体がまだ乾いているようだったら、溶かしたラードをもう少し足します。これも大人が行ない、小さい子どもには熱い脂を扱わせないでください。

よく冷ました後で、子どもにこね方を教え、こねる作業をぞんぶんにさせましょう。その後、ヨーグルトのカップなど手近な空き容器につめます。はしや串を使い、プディングの中央にひもを埋めこみ、上から強く押しつけます。ラード少量を溶かしてプディングの上にかけ、ひもをしっかり固定させ、冷蔵庫に入れて冷やし、固めてください。くずれないように容器から取り出します。後は家の窓から見える場所にプディングをかけ、鳥がやってくるのを待つだけです。

大人にできることと子どもがすること

- きざんだベーコンも材料に加えてみてはどうでしょう。
- 鳥の名前を図鑑で調べ、子どもに教えましょう。
- 専用のノートや日記帳を用意して、やってくる鳥を記録するのもよいでしょう。

● 砂場

砂はすばらしい素材です。乾いているときは水のようにさらさらし、湿ったときは、ケーキやパイの形にしたり、ミニカーの道路やお城が作れます。「自分でこうした」「自分で作った」と子どもが実感できる、完璧な道具になってくれるのが砂です。誰でも遊べ、どうしたいかを自分で決められます。制限は何もありません。

大きなプラスチックのたらいなどを使って、簡単な砂場を用意しましょう。または、木枠を屋外に置いて砂を入れます。手触りのやわらかな、洗ってある砂を購入してください。猫がいる家では、砂場にふたをしておきましょう。そうしないと猫は砂場をトイレにしてしまいます。

大人にできることと子どもがすること

- バケツ、シャベル、型になるものいくつか、くま手、あるいはざるなども砂遊び用に子どもに渡します。プラスチックのマグやボウルもいろいろと使えるはずです。
- 旗やキャンディの棒、貝殻などは、砂のお城のよい飾りになります。
- 屋内に砂場を置ける家は少ないでしょうが、やわらかい砂をボウルに入れて渡すだけでも、小さい子どもには十分楽しめます。掃除のしやすい、砂が散ってもいい場所を準備してください。

Craft activities

クラフト作り

幼児は物を作ることが大好きです。実用的だったり見た目がきれいだから作るというわけではなく、作ること自体を楽しんでいます。自分で考えて作るにしても教わって作るにしても、物を作ることは、静かにすわって集中し、よく見て、できあがりに向けて作業するためのよい練習になります。この点からもすばらしいと言えるでしょう。

手本から学ぶ

子どもはまわりの人が作業するのを見て、自分も加わることをくりかえしながら、工作の基本的な技術を学んでいきます。ですから最初のうちは、大人は手助け以上のことをどんどんしてかまいません。簡単な物作り、たとえば飾りパスタを使ったアクセサリーなどでは、次のような進みかたがふつうです。2歳では子どもに手を加えてもらいながらも、大人が作る。3歳では子どもと大人でいっしょに作る。4歳から5歳では大人が手を貸しつつ子どもが作る。6歳では子どもはひとりで作業し、ときどき大人が手を貸す。裁縫や編み物や大工仕事など、もっと複雑な作業になると、始める年齢はもっと後になります。それでも上達の仕方は基本的に同じで、「子どもが手伝う→いっしょにする→大人が手伝う→大人はさがって、必要なときだけ助言する」ということになります。

何を作るかを選ぶ

子どもは親のすることをまねるので、親が好んですることを子どもも最初にするでしょう。子どもは教えられれば縫い物をおぼえますが、親がふだんから縫い物が好きならば、子どもが縫い物を好む可能性はもっと高くなります。もしよい手本にできるものがなければ（今日では私たちの多くがそうですが）、子どもの興味をひきそうなもの――たとえばおもちゃ作り、変装ごっこの衣装など――を選びます。また、クリスマスや誕生日の時期はクラフト作りのよいきっかけです。プレゼントを手作りしてみましょう。

心からの贈り物

子どもが自分で作ったイヤリングを親に贈るとき、子どもは誇りをもってそうしています。親がそのプレゼントを大事に受け取り、身につけると、子どもの誇りは高められます。誰かのために何かを作ることは、私たちの文化でつねに特別な意義を持っています。ともすると見逃されがちですが、子どもの創造力もまた、人と人との愛情あるつながりの中で発揮されるのです。

始める前に

ボール紙の筒をつなげたり、飾りパスタをつないでヘビやアクセサリーを作るだけでも、クラフト作りにはきまりや順序が必要です。作って飾りを加える、または切り抜いて縫いあわせるなど、たいてい複数の作業が含まれるので、順序を考えてその手順にそうことが必要です。前もって考えるのは幼児には難しいので、こうした計画は大人が代わりに行ないます。それでも子どもも計画に参加できます。他に必要なものを子どもに聞いたり、リストをチェックさせてみてください。使うものはすべて作業台にのせ、子どもがひっくり返したり踏んだりしないようにしましょう。ダイニングの大きいテーブルで作業するのが理想的ですが、無理ならば、拭きやすいテーブルや椅子を選んでビニールシートで覆い、汚れないようにします。屋外用のプラスチック家具なども便利です。

大人にできることと子どもがすること

- 大人ができるときは、実際に手本を示しましょう。
- クラフト作業専用の場所を用意します。ダイニングのテーブルを使えない場合は、小さな屋外用プラスチック家具を入手できないか、検討してください。
- 汚れに備えましょう。必要であれば家具を覆い、エプロンなども着けさせます。
- 大人も時間をとりましょう。クラフト作りは、大人が他のことをする間に子どもの遊びとしてさせる、というものではありません。
- 自分でさせるタイミングをみはからいましょう。最初の数か月は大人がすることになるでしょうが、だんだんと子どもが主体になって行なうようにします。
- 想像力を生かし、新しいやり方を探りましょう。以前行なったことを別の方法でしたり、発展させてみます。
- 子どもからの贈り物を感謝して受けとり、堂々と飾りましょう。もらったイヤリングを外出時にはずす場合は、帰宅して子どもと会う前につけなおしてください。子どもは気づくものです。

◎発達段階の目安

2歳～3歳

大人がヘビやその他の簡単な形を作り、子どもはそこに手を貸す。ソルト・ドウを平たくのばしたり、指示されたところにのりをつけられる。

3歳～3歳半

手助けがあれば、マカロニをひもでつなぐなど、ひもを使った簡単なおもちゃが作れることも多い。粘土を切り分けたり、焼く前のブローチに安全ピンをとりつけられる。

3歳半～4歳

自分で簡単なアクセサリーが作れる。大きめのビーズをひもに通せる。作ったものに飾りつけをしたり、大人のアドバイスを受けて、ニスをぬれる。

4歳～5歳

ひも通しを使って、編み棒に毛糸を通せる。互い違いに編めることも多い。

5歳～6歳

針と糸で縫いものができるようになる。

子どもはみなそうですが、この少年も得意顔で自分の作ったものをかぶっています。

6歳までには子どもはたいてい、題材から色まで自分で決めて絵を描きます。

才能を見つけるために

★積み木で塔を作るとき、年齢から言える目安よりも高く作っていますか？

★食事をしたり服を着るとき、年齢から言える目安よりも手際がいいですか（第２章を参照）。

★描画の技術の進歩が早いですか？

たとえば、２歳になる前にクレヨンやペンを使えていましたか？

３歳までに、あらかじめ描かれた線をなぞって描けましたか？

４歳までには、点をつないだり色づけしたりするのを好んでいましたか？

★年齢から言える目安よりもきれいに描画をしますか？

★手を使う技能が要求される課題を、自分から選んで行なっていますか？

★細かな作業が好きですか？　やってみる前に考えていますか？

★手先を使う技能がよく発達していますか？　たとえば、４歳になる前にボタンやファスナーをはめていましたか？

★形を見分けたり、組み合わせるのが得意ですか？

ジグソーパズルは好きですか？

★何かをするとき、手順にそってきちんとしますか？

★物を作るのが好きですか？

Making dolls and animals

人形や動物を作る

子どもの遊びに、人形を加えるともっとおもしろくなることがよくあります。人形がいるとドールハウスも道の模型も活気づきます。一度人形の作り方を教われば、作ること自体を楽しむ子どもも多いでしょう。

子どもが学べること

- 静かにすわって集中し、注意深く作業します。始めたことを最後まで行なうようになります。
- 大人の指示を聞き、説明にそっていっしょに作業できます。
- できばえを誇りに思い、自信を得られます。
- しだいに技能を高め、作業の多くを自分でできるようになります。
- 人形と遊び、話しかけたりしながら、まわりの人との関係を視野に入れて考えることを学びます。

布で作る人形

次に紹介する人形は、私の子どもがいつも気に入っていたものです。12 × 15 センチぐらいの布を用意します。もっともよいのは使い古したシーツの切れ端です。綿花（または脱脂綿）1玉と毛糸とぬい糸少々も用意します。布を平らに広げ、長いほうの辺を両側から中心に向かって巻いていきます。綿の玉がおさまる空きが中央に残るまで巻きます（管状の部分が両側に、その間に平らな部分ができます）。綿の玉を平らな部分の、上から3分の1くらいのところに置き、上を折り返して玉にかぶせます。かぶせた下側を糸で結わえて固定し、人形の頭と首にします。人形を表に返します。ここで糸は切らないでください。

管状のところの短い方を引き出し、腕にします。糸を人形の胸の位置で交差させ、背にまわして腰のあたりで結わえます。女の子の人形にするには、人形のスカートのすそを少し巻きあげ、短い糸で左右2か所を結わえ、足にします。簡単なドレスやヘッドスカーフを合わせて作ってもいいでしょう。男の子の

大人にできることと子どもがすること

- クリスマスツリー用に、赤や緑または金の布を使って、人形を作りましょう。お祝いの飾り向きになるよう、人形の服にラメをつけてみます（木工用ボンドで貼ります）。
- 人形用のシンプルなエプロンを作りましょう。毛糸を木工用ボンドで貼り、髪にします。
- ベルベットの布で小さな動物を作りましょう。
- 色つきのモール［針金を毛やナイロンでおおったもの］で人形を作ることもできます。モールを曲げて頭と胴と足を作り、さらに短めのもので腕を作ってつなげます。
- ドリー・ペグ［上に横木、下に3～4本の足がついた洗濯用棒。人形のような形をしている］に顔を描くのも簡単です。髪（または耳や帽子）を貼りつけ、布の切れ端の服をつけます。

人形にするには、下部中央に切り込みを入れ、左右それぞれ結わえて足を作ります。最後に顔を描き入れます。

ふきんなどを使い同じやり方で作れば、もっと大きなものも作れます。

● ヘビを作る

基本の形のヘビは簡単に作れます。ひもとトイレットペーパーの芯（もっと大きく作るには、キッチンペーパーの芯）を6つ、テープを用意します。子どもはたいてい、芯の飾りつけから取りかかります。芯に直接、色をつけたり、うろこを描いてもいいでしょう。または大人が手を貸して、芯ごとに紙やきれいな布でつつみ、木工用ボンドかセロテープで固定します。最後の一つには、忘れずに目をつけます。組み立て方は簡単です。まず、一つめの芯にひもを通し、芯の外側にそってひもを折り返し、端で結んで固定します。後は残りの芯を通してつないでいきます（持ち手分のひもが最後に残るようにします）。ひもの残りで輪を作り、ヘビをひっぱる持ち手にします。

大人にできることと子どもがすること

- 大人もいっしょに作業をしましょう。飾りつけやひもを通す作業は子どもにもできますが、結ぶのは大人がしたほうがよいでしょう。
- 大人も手を貸し、ボール紙でヘビの牙を作りましょう。木工用ボンドで貼りつけます。
- マカロニやペンネ、あるいは糸巻きで作れば、小さなヘビになります。特大のヘビは、ビケットやポテトチップの空き筒で作ります。
- 箱を使ってゆかいな怪物が作れます。小さめの箱を頭に、それより大きめの箱を胴体にします。マッチ箱4つを胴体に貼り、足にします。トイレットペーパーの芯をしっぽに。

このヘビを作るのには大人の助けがいりましたが、こうしてできたもので子どもはわくわくしてうれしそうに遊ぶので、大人の時間と努力も十分むくわれます。

Decorating clothes and jewellery

服の模様とアクセサリー

何かの集まりがあるとき、あるいは雨降りの午後に家にいるとき、新しいおしゃれができるとどんな子もうれしがります。雨でお店に行けないなら、なおさら、自分たちで手作りしてみましょう。

パスタのアクセサリー

蝶形や貝の形、筒状の物など、さまざまな形や大きさのパスタが市販されています。ネックレスを作るには筒形のパスタ（マカロニやペンネなど）が最適ですが、ブローチやイヤリングならほとんどの形が使えます。

色をつけるにはポスターカラーを用います(片側をぬり、乾いたら返して、反対側をぬります)。色が乾いたら、透明マニキュアをぬり、つやを出します。ブレスレットやネックレスにするときは、ひも通しを使ってパスタを糸やてぐすでつなぎます。

パスタは食べるだけではありません。色をつけてつなげると楽しいネックレスになります。

大人にできることと子どもがすること

- 色をつけた飾りパスタで小物入れや額を飾りましょう。
- 筒形以外のパスタも糸に通したいときは、次の方法で行ないます。パスタを少し軟らかくなるまでゆで、糸やひもを通します。天板にベーキングペーパーを敷いてパスタを並べ、低温のオーブン（約 150 度）で1時間ほど加熱します。途中、もしきつね色になりかけたら温度を下げます。パスタが乾いて硬くなったら、あとはふつうに色をつけ、つや出しのうわぬりをしてください。イヤリングの金具やフックをつける場合も同様に、パスタを一度ゆでます。

押し花のブローチを作る

厚い本や専用のプレッサーにはさんで押し花を作りましょう。本に吸いとり紙をはさみ、花を並べて形を整えます。吸いとり紙をもう1枚のせ、本を閉じます。そのまま数週間おきます。

ブローチは、厚紙とベルベットの布少々、安全ピン、酢酸ビニル樹脂系（PVA）の木工用ボンドを用意します。ボンドを厚紙をのばし（大人が手を貸し、子どもといっしょに作業します）、ベルベットの布と貼りあわせて、ブローチの土台にします。ブローチの形を決め、はさみで切ります。裏面には安全ピンをとりつけ、表には押し花をアレンジします。押し花にそれぞれ少量のボンドをつけ、貼りつけます。最後にヘア・スプレーを吹きつけます（安全のため、大人が行ないましょう）。何度も着用したい場合は、押し花をセロテープやビニールでおおって保護します。

大人にできることと子どもがすること

- ブローチを飾るのに、小さな貝やスパンコールも用いるのもよいでしょう。押し花よりも長持ちします。色をつけた飾りパスタも向いています。
- 誕生日カードや特別な集まりの座席表を作るとき、押し花で飾りつけてはどうでしょうか。
- 子どもといっしょに、スクラップ帳に押し花を貼り、花の名前や採集した日付と場所も記録します。
- ビニール素材のベルトに押し花やスパンコールや貝を貼って飾ります。

古い服を新しく

ジーンズの外見を簡単に変えるには、エマルジョン塗料［合成樹脂エマルジョンペイント。顔料を乳化して水に混ぜた塗料］の少量の缶と小さめのローラーを用意します。作業をする前に、床とテーブルを新聞紙で覆います。ジーンズを広げ、塗料少量を皿にとります。まずローラーの使い方を子どもに教え、ローラーに塗料をつけます。一度ローラーを紙にのせて余分な塗料をのぞいてから、ジーンズの足の部分にもっていきます。もものあたりに2、3本の太いラインを縦にひくと見栄えよくみえます。コントラストの強い色を取りあわせたり、塗料が乾く前にラメをちらしたりもできます。色が乾くまでおきます。

Tシャツをしぼり染めにするには、布地用染料とゴムバンドまたはひもを用意します。シャツの一部分を、生地が見えなくなるまでゴムバンドやひもを巻きつけて覆います。染料の説明書を見て水またはお湯を使って生地を染めます。生地を十分にすすいでから、バンドをはずします。

年長の子どもは着古した服のイメージチェンジを楽しみます。でもやり過ぎないように！

大人にできることと子どもがすること

- エマルジョン塗料で色をつけるとき、塗料をはじいて描く技法も使ってみましょう（96頁参照）。まわりを汚さないよう覆いをかけ、塗料がはねてしまったら、乾く前に拭きとります。
- 専用の布地用絵の具を使い、古くなったTシャツに絵を描くこともできます。
- 木工用ボンドでTシャツやジーンズにラメやスパンコールを貼ります。生地にボンドをつけ、ラメなどをちらします。後でよく手を洗いましょう。
- 小麦粉ののり（104頁参照）を通常よりずっと濃く作ります。こののりで、古くなった白いTシャツに絵を描きます（子どもが描きます）。完全に乾くまでおき、洗濯機の洗剤注入口から冷水用の染料を入れ、Tシャツを入れてまわし（冷水を使うこと）、染色します。次に温水を使って洗剤で洗い、のりを取り除きます。描いた絵が現れますよ。

Cardboard constructions

厚紙や段ボールを使った工作

段ボール箱は大きいものも小さいものも、小さな子どもにとって魅力がつきません。中にすわったり、ひきずったり、ものを隠したりといろいろ遊べますが、なんといってもいろいろな工作をするのがいちばん楽しいでしょう。

アートとクラフト

素材の性質と作り手の想像力にまかせて自由に工作をすることもあれば、計画してそのとおりに作ることもあるでしょう。それぞれ別々の技術が必要なので、どちらのやり方も行なってみるのがいいでしょう。自由に作るときは――自由に描くのと同じく――自分に何ができるかを見て、素材とつきあいます。いずれ、気の利いた仕方で自己表現することもできます。一方、決まったものを作るときは、クラフトの要素が強まります。のりづけ一つをとっても、作るものと必要な作業とを頭に入れて行なうことになります。大きな箱と丸い厚紙で車作りを始める場合、子どもは車について知っていること（タイヤがあるなど）を念頭に、手近な材料をながめることになります。「車を作る」と決まれば、できあがりを思い浮かべやすくなるのです。丸い厚紙

大きくて平らな形は、いろいろなものを作れますし、幼児にも組み立てやすい形です。

を「車輪」と呼んでおけば、どこに持っていくべきかは子どもにもわかります。

組み立てる

２つのものがどう貼りあわさるかを、幼児は考えこんだりしません。答えは明らかだからです。つまり、のりをつけたから、ということがすべてです。そのため、たとえば——年長の子どもや大人なら考えるように——のりづけ面がどのくらいかは考慮しません。幼児は論理的に考えることがまだできず、何かが起きるのに複数の要因があるとは考えていないのです。ですから幼児の場合は、大人が最初にのりづけをして基本的な形を作っておけば、あまりいらいらしないですむでしょう。

筒形のパーツののりづけは最初は難しいものです。どう置いても、箱や別の円筒と貼りあわせるためにのりづけ面が広くとれません。円筒を垂直に貼りつけるのに最適なのは、筒の底辺に５、６箇所切り込みをいれ、折り曲げて、折りぶたにすることです。ここをのりしろにします。さらにしっかり取りつけるには折りぶたを平らな厚紙にのりづけして——あるいはホチキスでとめて——おきます。子どもが「柱」に使う場合は、いくつかの円筒の両端をこのように準備しておきます。取りつけ口が一つの筒を「えんとつ」、取りつけ口が二つの筒を「柱」と呼んでおけば、どちらをどう使うか子どもが記憶する手がかりになります。

子どもの工作はときに立派な出来になります。よく言われる「がらくたづくり」という不名誉な言い方は間違いだと思えるでしょう。

大人にできることと子どもがすること

- いろいろな大きさの段ボール箱や、厚紙の筒を集めておきましょう。
- 作業に適した場所を用意してください。
- 大人が時間をとって子どもに手を貸します。幼児には大人がいっしょに作業することが必要で、年長の子どもにも、大人が協力やアドバイスに応じることが必要です。
- 何を作るかは子どもが決めるようにしてください。ときには特別な物を作るのに大人がヒントを出してもいいのですが、子どもに好きなように作らせることもしてください。必要なときは手助けしますが、年齢が上がるに応じて作業の主役は子どもにまかせます。
- できあがりを大人がおおいに誇ってください。みんなが見て感心するよう、目につくところに飾りましょう。

◎発達段階の目安

2歳～2歳半

段ボール箱にすわるなどして遊び、小さい箱は宝物をしまうのに使う。スーパーでもらってきた段ボールをトラクターや列車にするとき、大人に作ってもらうが、自分も作業に加わる。さらに複雑なものになると混乱してわからない。

2歳半～3歳

大人の指導があれば、ごく簡単な物を組み立てられる。

3歳～3歳半　ドールハウスを大人に作ってもらうとき、作業に加わる。ひとりで作りたがるが、まだ大人の手助けやアドバイスがいることが多い。作業にいくらかいらいらする子どもがまだ多い。

3歳半～4歳

大人があまり手伝わなくても自分でできるようになるが、まだときどき、のりをつけまちがえたり、飾りつけなどに手間どる。物がどう貼りあわさるかについては正しく見ていない。

4歳～5歳

より手の込んだ物を作る。

5歳～6歳

できばえを自分で評価し始める。

才能を見つけるために

★積み木で塔を作るとき、同年齢の他の子どもより高く作っていますか？

★食事をしたり服を着るさい、年齢からいえる目安よりも手ぎわがいいですか（第２章を参照）。

★組み立てる遊びが好きですか？

★静かにすわって集中できますか？　集中できなくなった場合も、後でまた続きを始めますか？

★年齢の割には、指示にしたがってきちんと作業ができていますか？　７歳未満の子どもはひとつながりの指示にそっての作業はまだできませんが、一つずつであれば２、３歳の子どもでもできることが多いです。

★ごちゃごちゃに散らかったり、手がのりでべたべたでも楽しそうにしていますか？

★細かな作業が好きですか？　やり始める前に考えていますか？　４歳までに次の作業を前もって考えることができていますか？

★形を見分けたり、組み合わせたりするのが得意ですか？　ピースの位置が決まったジグソーパズルよりも、組み立てキット（ピースの位置を自分で決められる）のほうを好みますか？

★がまん強いほうですか？　すぐには思うようにできない場合も、うまく対処していますか？　わからないときには大人に聞いてきますか？

★物を作るのが好きですか？

★手首を回すことができますか？　レゴを組み立てたり、ねじをはずしたりできますか？

Just constructing

いろいろな組み立て

小さな箱は家や駅に、中くらいの箱はドールハウスやカフェや消防署に、中に入り込めるような大きな箱は車や電車や飛行機になります。部品をどううまく集め、最後にどう仕上げるかによります。

子どもが学べること

- 一つのことに集中する力を養います。
- 空間を把握する力や手先の器用さが高まります。
- 想像力を発揮し、ごっこ遊びをするきっかけが得られます。
- 大人にいつ手助けを頼むかを学べます。
- 意思の疎通や他者とのつきあい方、人との協力を遊びで生かせます。
- 均衡をとる、のりづけする、固定するなどの実技がのびます。

シンプルな組み立てキットから始め、好きなように遊ばせましょう。

● 市販の組み立てキット

組み立てる遊びが好きな子どもには市販のキットが役立つことも多いでしょう。種類はますます増えています。まず角形のピース（ブロック）が基本となるキットがあり、これはピースを並べ、はめてつないでいくもので、さまざまな大きさのピースがそろっています。幼い子どもには大きめのものが必要です。また、ピースのいろいろな箇所でつなげられ、まっすぐ並べる以外に使えるキットもあり、幼い子どもには特によいでしょう。ほかに、動くビーズを入れたものや、棒や別付けの部品がつき、より本格的な物を組み立てられるキットなどもあります。キットの組み立てが特に好きな子どもだとみんな一つずつは欲しがるかもしれません。

大人にできることと子どもがすること

- 組み立てキットはどんな子どもにも向くわけではありません。最初はスターターキットを利用しましょう。
- 実物に似せて組み立てたい子どもはブロック式のものを、大きな物を作りたい子どもは、棒や部品のある物や動くビーズ式のキットを好むことが多いと思います。
- 子どもがキットで遊ばなければ、いったんしまい、しばらくたってから使いましょう。複雑なキットを早く使わせすぎている場合があります。箱にある年齢の目安を見ましょう。
- 組み立てるのが好きな子どもには数種類のキットを与えましょう。
- 室内を静かにします。集中できるよう、ラジオやテレビは消してください。

箱や容器を集める

家庭ではいろいろな箱や容器をゴミに出しますが、その多くは組み立て遊びに利用できます。マッチ箱からシリアルの箱まで、大きさや形のさまざまなものを集めましょう。ビニールコートがかかっているものは、他の物と接着しづらいので避けてください。マーガリンやヨーグルトの容器は底にへりがないか見ておきます。貼りあわせるときに、全面をぴったりつける必要があるからです。紙皿やプラスチック容器の紙ぶたは、車輪にするのにぴったりです。

大人にできることと子どもがすること

- 平らな面どうしは、木工用ボンドを使って貼りあわせます。
- 車輪は割りピン［差し入れたあと、先端を広げられるピン］で取りつけ、回るようにします。
- 必要であれば、接着剤が乾くまで接着面をホチキスや輪ゴムでとめて固定します。
- 粘着テープは子どもには扱いにくいのですが、これがいちばん適するときもあります。
- ボンドやのりではうまくいかないときは、両面テープを使ってみましょう。
- 先端の丸いはさみでは切れないものは大人が切ります。
- あやまって首に巻くなどの事故を防ぐために、ひもはかならず短いものだけを使いましょう。

ひっぱるおもちゃを作る

弟や妹のいない子どもは特に、よちよち歩きの子が遊びにきてもうまく接しにくいものです。小さなお客さんにあげるプレゼントをいっしょに作れば、子どもの気分も乗ってくるでしょう。大きいペットボトルに色をつけた飾りパスタを入れます。ふたに穴をあけてひもを通し、結び目をつけて持ち手にします。

円筒形には扱いづらい部分もありますが、
賢いやり方もあります。

大人にできることと子どもがすること

- いっしょに遊ぶことよりも何かを作るほうが好きな子どもには、プレゼント作りのアイディアがいつも活用できます。
- おもちゃ売り場でいろいろなおもちゃを見ることで、いいアイディアが浮かぶかもしれません。自分流に作るにはどうするかを考えましょう。

● 雨の日に道の模型を作る

くりかえし遊べて、不要なときは戸棚にしまい、ときどき付け足していく――そんな組み立ておもちゃがいくつか考えられます。道の模型がその一つです。道の材料には、はがきや事務用のカード用紙、空き箱のふちなどを使うのが便利です。子どもにも手伝わせて、まず色をつけます。グレイにぬり、乾いたら白いマニキュアかエナメルペイントで路面標示を描き足します。ロータリーや広場を加えてみてもよいでしょう（工夫すれば石畳の通りなども表現できます）。箱で家や店を、マッチ箱にパラソルをそえてオープンカフェを作ります。後はおもちゃの車とモールで作った人形（127頁参照）を置けばできあがりです。

大人にできることと子どもがすること

- トイレットペーパーの芯で木が作れます。芯を2、3個テープでつなげ、上に切りこみを入れて折り返し、枝にします。紙あるいは緑に染めた脱脂綿で葉を作り、貼りつけます。
- 食器棚用のシートを緑に塗り、芝生や公園を作りましょう。道路標識や車を作るか、市販品を配置します。
- 建物や道をさまざまにアレンジし、レイアウトに変化をもたせます。たとえば、農場と鉄道のある村の風景にしてみてはどうでしょう。

Creating a world of their own

自分たちの世界を作る

ごっこ遊びをする子どもたちは、自分たちで遊びを演じるか、あるいはおもちゃに遊びを演じさせています（この場合は物語を語ることに近くなります）。こうした遊びに使うのに、子ども用の実物大の道具を作るか、それともストーリーに合わせたキャラクターを作るかは、手近に何があるかによるでしょう。

子どもが学べること

- ごっこ遊びをぞんぶんに楽しめます。
- 他の子どもたちといっしょに遊べます。
- 想像力と計画性をのばします。
- ストーリーを語り、自分の表現をし、意思疎通の技術が高まります。

丈夫な空箱一つでも、徐々に手を加えれば独自の世界が作れます。

● ドールハウスを作る

使用済みのワイン用の箱はドールハウスのよい材料になります。ボトルの仕切り部分は、簡単に部屋の仕切りに作り変えられます。または、小さめの箱４つを正方形につなげたものを用いてください（こちらのほうがもっと使いやすいでしょう）。正面を開けておいたほうが子どもには遊びやすいでしょう。

大人にできることと子どもがすること

- のりつきの棚用シートは壁紙に使えます。
- マッチ箱でキッチンキャビネットや食器棚、ベッドなどが作れます。
- 窓にカーテンをひきます。カーテンやベッドカバーは余り布から作ります。
- ソルト・ドウで食べ物や食器、さらに家具も作ってみましょう（116 頁参照）。
- モールで人形を作って（127 頁参照）配置しましょう。
- 細かい演出で家が生き生きとしてきます。ドールハウス用のトイレやお風呂を購入して置きましょう（または、ソルト・ドウで作ります）。ベッドには毛布を、台所にはソルト・ドウの食べ物を置きましょう。

● キャンプをする

キャンプ遊びのテントは簡単に設置できます。洗濯物干しが庭に置いてあれば、古いシートをその上にかけるだけです。シートの端にレンガなどをのせて固定すれば即席のテントができます。室内ならテーブルにシートをかけるか、ソファの背とダイニングの椅子2脚を並べてシートをわたしてみましょう。

大人にできることと子どもがすること

- クッションや、宝物をしまう段ボール箱も欠かせません。室内で遊ぶときでもピクニックの支度をして、特別なキャンプにしてみましょう。
- キャンプは想像力を発揮するいろいろな遊びの場所にもなります。たとえば、特別なお店にしたり、テープを聴いたりお話を語る場所にしたり、「秘密の仕事」をする場所にするなどです。

手近にあるものが室内キャンプの道具に早変わり。そこで何時間もごっこ遊びを楽しめます。

● 騎士ごっこ

子どもの騎士たちには、剣よりも弾丸（丸めた新聞紙）で戦うほうが楽しく平和的です。バケツいっぱいの焼いた石炭（発泡スチロールを赤か黒のポスターカラーにひたして着色する）も、侵入者に浴びせるにはぴったりです。城を作るには、丈夫な段ボール箱（スーパーでもらうものや、ワイン用の箱）が少なくとも4つは必要です。箱を切り開いてたためるお城にするか、または箱を積み重ねて、騎士が後ろに隠れる防壁にします。仕切りがあるワインの箱なら、ちょうど砦《とりで》のようになって最適です。たためるお城を作るには、箱をそれぞれ解体して開き、1枚の平面にします(上面と底面をはがして開き、さらに側面の1辺で切って広げる)。上の折りぶた（上面にあたるところ）は切り取り、下の折りぶたは支えにするため残します。黒のマーカーで石壁の形を描きます。同様に何枚か作り、ガムテープで貼りあわせます。厚紙で砦を作り、貼りつけます。できあがった城壁は、椅子やソファ、あるいはベッドを囲うようにして置きます。倒れにくくするため、ところどころを家具に固定するか、重し（缶詰めなどが最適です）を折りぶたにのせます。子どもが出入りできるように置いてください。

紙で作った武器での戦いごっこは子どもの好きな遊びです。グループの色を決めて使ってみましょう。

大人にできることと子どもがすること

- 新聞紙を筒状にまき、安全な剣を作りましょう。
- シリアルなどの箱で盾を作ります。上面と底面を切り取り、この二つを貼りあわせて持ち手を作ります。次に、表面と裏面を切り取って重ね、盾の形を描いて切り抜きます。1枚は中央に縦に切りこみを2本入れ、持ち手をくぐらせ、ホチキスでとめます。もう1枚には飾りつけをし、盾の正面にします。2枚を貼りあわせます。
- 簡単なよろいは、ボール紙2枚をリボンを使って肩の位置でつなぎあわせます。首まわりと腕まわりのカーブを切り取ります。グレイまたは銀色にぬり、子どもが好きなエンブレムを正面に貼りましょう。

第4章

音楽・運動・演技

chapter 4　Music, Movement and Drama

Physical play

体を動かして遊ぶ

子どもは毎日、動いてエネルギーを発散しなくてはなりません。親がおとなしくさせようとしても、子どもはじっとしていられなくなり、イライラしてきます。だから制限がなくなると、ありあまるエネルギーを一気にふき出させてしまうのです。

自然な本性

動物でも子どもはたいてい、追いかけ、取っ組みあい、飛びかかり、駆けまわったりと、活発に遊びます。人も例外ではありません。健康な幼児を1時間も2時間もじっとさせていると、子どもはひどくそわそわし、がまんできなくなってきます。動物の仔でもみなこうだという事実から、なにか重要なことがここで進行していることがわかるでしょう。生理学者によると、一気に動いた後で止まり、静かな運動にうつることが、筋肉、骨格、呼吸機能を適切に発達させるきわめてよい方法だということです。子どもの鬼ごっこも、小猫が追いかけじゃれあうのも、この動きのパターンです。

身体を動かすゲームは、子どもの空間をとらえる力を試し、伸ばしていくことができます。

空間の感覚を育てる

動物の仔が運動するのを妨げられると（たとえば、兄弟や他の仔など、遊び相手から引き離して飼育したりすると）、その動物は空間をとらえる力を適切に発達させることができなくなります。迷路の実験では出口にたどりつくのに時間がかかり、あちこちに隠した餌を探すテストでも悪い結果となりました。仲間とふつうに遊んだ動物に比べて、注意力の持続に関しても劣るのです。

ただし、こうならないために、取っ組みあいがたっぷり必要かというとそうではありません。短い時間でいいので、日々動いて遊べば十分なようです。もちろん人間の場合はかなり違ってくるでしょうが、わざわざリスクをおかすべきではありません。走りまわる時間はなにより子どもの楽しみです。また近年の調査では、子どもが休み時間にかけっこを楽しめば、教室での問題行動が起こりにくくなり、学習にも落ちついて取り組む、という結果が出ています。

友だちと一緒に

一人で運動を続けることはなかなかできません。年齢に係わらず、走る、踊る、追いかけっこをするといったことは、人と一緒のときほどよくできるものです。ですから、子どもの健やかな発育のためには、きめられた活動の他にも、他の子どもといる時間を持ち、一緒に好きなだけ遊ぶことが必要です。友だちと集まって遊ぶ機会を欠かさないようにしましょう。

大人にできることと子どもがすること

- 遊び友だちを探して、一緒に動いて発散させましょう。
- 身体を動かす機会を作りましょう。音楽をかけ、子どもと一緒に踊ってみては。
- 一緒に走ったり、追いかけっこや競走をしましょう。どんな運動をする場合も、毎日1回は必ず力いっぱい身体を動かすようにしたいものです。
- そうじを遊びに変えましょう。音楽が鳴りやむ前に、全部片づくかチャレンジするのです。
- 子どもが平衡感覚を養えるよう、大人も手助けします。よじ登る運動が役立ち、また、子どもの手をとってちょっとした高さの渡しの上を歩かせるのもよい練習になります。
- 球を捕ったり投げたり。屋内では、お手玉や新聞をまるめた球を使う方が安全です。幼児にはボールよりも楽に扱えます。
- 大人がする動きをまねさせるのもいいでしょう。また、決まった動きが必要な遊びの最中に、子どもが前後左右にどう動くかを注意して見てください。
- 階段の下の段から飛びおりる、ベッドで跳ねる、なわとびをするなどの運動もいいと思います。
- 大人自身が積極的に身体を動かし、よい手本となりましょう。

どんな子どもでも、一定時間は身体を動かさずにはいられません。止めようとしても無理です！

才能を見つけるために

★同じ年ごろの子どもより、動きに美しさや正確さが見られますか？　走るのが速かったり、高く跳べたりしますか？

★運動をする際、大人が示す手本をまねるのを楽しんでいますか？

★身のこなしが軽やかですか？

★ボールの扱いがかなりうまいですか？（第２章を参照）

★身体を動かすことが好きですか？

◎発達段階の目安

2歳～2歳半

扁平足の状態で、走りながら方向を変えたり、すばやく横によけることがうまくできない。いちど止まってからボールを蹴ったり投げたりはできるが、正確ではない。腕の中に向けて投げてやれば、大きい球は受けとれる。

2歳半～3歳

片足で立てる。走りながら方向を変えることはできるが、すばやく横によけたり、速く飛び出したりはまだできない。跳躍はできる。より自在に動きまわるようになるが、まだバランスがうまくとれず、転ぶことも多い。

3歳～3歳半

より意識的になるので、動きの模倣も正確になる。蹴る前にはまだいったん止まる。だんだん遠くまで正確に投げられるようになり、走りながらでも障害物をよけられる。

3歳半～4歳

他の子どもと走りまわるのを楽しむ。動きがよりスムーズになり、よじ登ったり、片足で跳ねたり、スキップができる。

4歳～5歳

足を交互に踏みだして階段をおりられる。身体のバランスの維持はずっとよくなる。ちょっとした塀の上なら歩ける。ボールを蹴ることができる。

5歳～6歳

追いかけっこで、すばやく横によけたり、身をかがめられる。動きながら止まらずにボールを蹴ることもできる（練習をしている場合は特によくできる）。ボールをバットで打て、投げるのも捕るのもうまくできるようになる。

一人や子ども同士ではできないこんなアクロバットを大人とすると、子どもは大喜びです。

Physical activity in all weathers

屋内外での運動

友だちを何人か招いて一緒に遊ばせたり、外で追いかけっこをさせるのは、子どもに運動させるてっとりばやい方法です。けれども、お母さんと子どもが二人きりで、外は雨ふりのときはどうすればいいのでしょう?

子どもが学べること

- 運動を楽しめます。子どものときからよく動いていた人は、大人になってからも活動的なことが多いのです。
- 他の子どもと一緒に遊びを楽しめます。
- ぬれたり汚れたりを気にしないで遊べます。
- 運動に自信がつきます。左右の足に交互に重心を移動してバランスよく動いたりすることができます。

室内で運動できる遊具

室内遊び用の遊具があれば、なにかの理由で外で遊べないときも運動ができます。とはいっても、大きな器具を置けるスペースのある家庭はあまりないでしょう。省スペースの代替品があるので工夫してみてください。天気に係わらず、子どもが遊びながら運動できるように。

屋内用の遊具があれば、天気の悪い日でも動いて発散できます。

大人にできることと子どもがすること

- 頑丈な留め具を天井に設置し（梁《はり》にしっかりと取りつける）、ぶら下がり用ロープやなわばしごを取りつけます。足をのせるプレート付きのものが子どもにはのぼりやすいでしょう。ロープやはしごなら、使わないときは取りはずせます。
- なわばしごはのぼって遊ぶのにとてもよい用具です。上までのぼったり、あるいは数段のぼってブランコのようにしても使えます。床にクッションを置いて、おりるときの衝撃をおさえましょう。
- 2段ベッドはのぼって遊ぶのにも使えます。すべり台を安全にとりつけられるかどうか、確認してみましょう。
- 専用の用具でも、工夫して取りつけた用具でも、子どもが遊んでいる最中は目を離さないでください。

階段から飛びおりる

ほとんどの子どもは階段をおもしろがって飛びおります。安全のため階段の下にクッションを重ね、また一度に何段も飛ばないよう、大人がそばで目を配りましょう。得意になって見せびらかすようなとき（とくにまわりに友だちがいて、見せびらかしたがるとき）は、階段ではなくソファから飛びおりる方が安全かもしれません。

大人にできることと子どもがすること

- 子どもは古い椅子やダブルベッドの上で跳びはねます。子どもが大好きな遊びです。
- 屋内で障害物コースを作ることもできます。たとえば、階段をとんでおり、決められた線の上を歩き、毛布の下をくぐってソファの裏を通るといったコースを設定するのです。

天気にかまわず遊ぶ

天気がどうであれ、屋外で遊ぶように子どもにすすめるのもよいことです。子どもも大人も天気に合わせた服装をしていれば、どんな天気でも外で楽しめます。いつの時代も子どもは、水たまりでパシャパシャとしぶきをあげるのが大好きなものです。雨がそれほどひどくなく服装も適切ならば、降りやむのを待つ必要はありません。レインコートを着て雨靴をはいて、しぶきをあげるのにいちばん大きい水たまりを探しましょう。大人が楽しそうに笑うのを見れば、子どもはぬれてもかまわないと安心して遊びます。

大人にできることと子どもがすること

- 風のある日にぱたぱたなびく服を着て外へ出かけ、「吹き飛ばされそうになる遊び」はどうでしょう。できれば、風が強く吹く高台にのぼるともっとおもしろいはずです。
- 近所をひとまわりしたり、ある場所で跳びはねたり、風ぐるまをまわしたりしては。
- 雪の日には雪合戦や、大きめのビニール袋にのってそり遊びを。泥まじりの足跡、ぬれた足跡、雪の上の足跡などを作るのもおもしろいでしょう。

サメよけゲーム

運動をしないと平衡感覚はなかなか身につきません。想像力をうまく使って、日常的に練習する機会を作りましょう。「サメよけゲーム」は私の子どもが気に入っていた遊びです。

紙皿を何枚か床に並べて、その上だけを歩くのです。紙皿は踏み石で、床全体はサメの出没する海の中です。海に落ちないよう踏み石をたどっていきます。年長の子どもなら、レンガや伏せた植木鉢を「島」にして、外で同じ遊びをするとよいでしょう。

大人にできることと子どもがすること

- 線の上を歩くのもいいでしょう。床にリボンを置き、マスキングテープで固定します。曲がらないよう、リボンにそって子どもを歩かせます。
- 家具をつたって跳ぶのも、室内でするのによい遊びです。部屋の端から端まで、床に着かずに移動できるか試してみましょう。

色をつけた紙皿から落ちないように進み、“サメ”を避けます。

Getting physical

運動好きになるように

よちよち歩きの子や幼児にはスポーツやダンスの練習は早すぎますが、その前段階の、身体を動かしたり踊ったりする遊びは小さな子にとっては大きなものが得られるはずです。酸素を体中に行き渡らせるこうした全身運動は、子どもの健康によく、身体活動のさまざまな調整にも役立ちます。

子どもが学べること

- 自分がどう動くかを意識できます。
- 他の人の動きをよく見て、まねできます。
- 身体を動かすことを楽しみ、よりきれいな動きが身につきます。
- 一緒に笑い、楽しく遊べます。
- 平衡感覚が養われます。
- 物をねらった位置に投げられるようになります。

● 身体の動きを意識する

子どもには、自分の身体や前後左右の動きに意識することが必要です。たとえば、すきまを通るのにどういった体勢をとればいいのか、ぶつからないかどうかを判断しなくてはなりません。こうした意識を高めるのに役立つ遊びに、命令通りに身体を動かす「船長さんの命令」のようなゲームがあります。

自転車に乗るのもいいでしょう。

大人にできることと子どもがすること

- 「船長さんの命令」ゲームではリーダーが指示を出します。「船長さんの命令です。両手を頭にのせて」と言われたら、そのとおりに従います。「両手を頭にのせて」とだけ言ったときは従ってはいけません。「船長さんの言うこと」だけをしなくてはならないのです。交替でリーダーになりましょう。
- 誰がいちばんおもしろい歩き方ができるか、やってみます。それをまねできるでしょうか？
- 遊び歌をうたいながら遊びましょう。手をつないで輪になり、左足を輪の中へ入れて（足を前へ）から、外へ出します（足を後ろへ）。これを2回行ないます。次に左足を輪の中へ入れて、その場でぐるりとまわり、右足でも同様にくりかえします。動かす場所を変えて（手や肩など）、バリエーションを作ることもできます。
- 庭に植木鉢をいくつか並べて目印にして、自転車に乗ってこれらを縫うように走ります。
- 砂で庭に線を描きます。線にそって自転車で走るというのもあります。砂は後でかき払いましょう。

水遊び

晴れた日の遊びといえば、なんといっても水遊びです。家庭用のビニールプールやスプリンクラーで遊んだり、庭では水を出したホースで子どもを追いかけましょう。子どもの楽しそうなことといったらありません。水の勢いを変えたり、水が霧状になるアタッチメントを取りつけてもいいでしょう。なお、プールのそばでは、けっして子どもを一人にしないでください。ごく浅いプールでもおぼれることがあることを忘れてはいけません。

大人にできることと子どもがすること

- 子どもの友だちにも来てもらい、追いかけっこをしたり、大笑いしながら一緒に遊ばせましょう。
- 肌寒いときは、水かけ遊びではなく、子どもをくすぐりながら追いまわして遊びましょう。
- 気温が低く、ぬれては寒いときは、ビニールプールにおもちゃの帆船やキャンディ棒を浮かべて遊ぶこともできます。

屋外の運動器具

誰もが大家族で暮らし、子どもが路地や原っぱで遊んでいるなら、子どものための運動器具は本来必要ありません。他の子どもと遊びながら、どう動いたらよいのか、子どもは必要なことを学ぶからです。しかし今日では小さいうちから屋内ですごす子どもが多く、また一人だけでいることも少なくありません。そのために運動器具の必要性が増しています。もしスペースがなかったり、家に器具を備えられないのならば、地域の公園やアスレチックの遊具などで子どもが遊べるように工夫してください。

大人にできることと子どもがすること

- 三輪車や自転車を与えて庭や家のまわりで遊ばせましょう。
- ぶらさがって遊ぶロープやなわばしごを用意します。平衡感覚を養うのに役立ちます。
- ジャングルジムやすべり台で遊ばせます。これも同様に役立ちます。
- バットやボールをサイズをとりまぜて用意するのもいいでしょう。

お口の中に

幼児の場合、投げやすいのはお手玉や新聞紙をまるめた球など、しっかり握れるものです。使い古しのシーツに赤のエマルジョン・ペイントで開いた大きな口を描きます。その口の中に新聞紙の球がうまく入るように投げます。球をひろって続けて行なう遊びです。

大人にできることと子どもがすること

- 口のかわりに箱でもいいでしょう。新聞紙の球のかわりにお手玉を使うこともできます。
- ペットボトルをボウリングのピンにしましょう。ボールを転がして倒します。
- 子どもと少し離れて、向きあってすわります。小さなボールを転がし、行き来させます。
- 新聞紙の球やお手玉を、大人が捕れるように子どもに投げさせる、というのはどうでしょう。
- ビーチボールでキャッチボールをします。うまくなってきたら、小さなボールを使って距離も離して行ないます。
- 子どもが片足立ちできるようになれば、ボールを蹴ることも楽しめます。
- バットやラケットを使い、球の打ち方を教えてみましょう。

Imaginative play

想像して遊ぶ

子どもが想像する世界の遊びというと、ふつうは子どもが衣装をつけて何かに扮している姿を思い浮かべます。けれども、子どもはいつも役柄を演じているだけではありません。子どもが想像力を発揮するやり方はいくつもあります。

ごっこ遊びの3つのやり方

おもちゃの台所でままごとをするなど、子どもは何かのしぐさをまねて遊びます。また、母親や父親、動物、漫画の人物など、誰かのふりをすることもあります。こうした遊びはあたかも、自らが役を演じる劇のようです。

また、あるときには、ごっこ遊びはしぐさとともに語るお話だったり、あるいは言葉をそえたしぐさにもなります。子どもはおもちゃを使って世界を作り、その中でおもちゃの人物を動かしたり、どこかに出掛けさせたり、人形にかわって語ったりします。この場合、子どもはこの劇の役者というよりは、脚本家や監督であると言えます。役を演じるときは、衣装や子どもサイズの道具を必要とし、語り手や監督になるときはちいさな人形や人形用の道具を用います。

そうは見えないかもしれませんが、子どもたちはおそらく機関車を動かしているか、手押し車を押しているのでしょう。

典型的な男の子の世界

男の子が作る世界では、たいていの場合、空間を広く使っておもちゃを動かすことが欠かせません。線路と電車、ミニカーなどが代表的な例です。これらのおもちゃで遊ぶときは、昔から子どもがかわりになって会話をするような人物（人形）はいませんでした。話すよりも、おもちゃを動かしながら音を鳴らしていたのです。「ブーン」と車を動かし、「ピーポー、ピーポー」とサイレンを鳴らします。今でも子どもはこうして遊んでいます。もちろん、ときには、男の子の世界にも人が登場しますが、その場合は大勢の戦士や他の惑星からの侵入者などです。そうした人はただ立って、会話をしているだけということはありません。

女の子の世界

典型的な女の子の世界といえば、ドールハウスのように、ちいさな人びとが家族で住む家でした。子どもは家の中のものを一つ一つ動かしたり、配置をあれこれ変えて遊びます。家は家族遊びの舞台にもなります。子どもはそこで人形にやりとりをさせ、人形のかわりになってしゃべります。

現代の子どものちいさな世界

かつて家族が大人数で、子どものおもちゃに使えるお金もあまりなかったころは、子どもはふつう、年上の子と遊びながら語り聞かせの仕方を身につけていました。それから現在にいたるまでに、本やテレビ番組やビデオの種類がどんどん増えて幼児の生活の一部となりました。そのために「子どもたちのちいさな世界」の拡大が起こっています。農場やガレージ、学校や消防署、そしてエイリアンの宇宙ステーションやおとぎ話のお城などもみられるようになりました。2歳から3歳にかけては、こうした世界に男女の別はありませんが、4歳から6歳では性別を反映した特徴が現れます。

大人にできることと子どもがすること

- 子どもに物語を聞かせたり、一緒にビデオを見たりして、ストーリーを語るさまざまな仕方に触れさせましょう。
- 適切なおもちゃを与えましょう。筋立てを記憶することがまだできないときも、道具が助けになってストーリーが引き出されてくるものです。

  夕食を作るままごとを2歳児がする場合、必要なことを細かくおぼえるのは容易ではありませんが、おもちゃの台所があれば、それだけでずっと遊びやすくなります。
- 男の子にはごっこ遊びでも言葉を使うように、女の子には空間を使うようにすすめてみてください。一つの方法としては、ちいさな人形が大勢乗った車を与えるなど、両方の特徴をあわせ持つおもちゃを用意することです。
- 子どもと特別な日を過ごし、家に帰ったらそのことを話題にしましょう。経験を遊びに生かす機会を子どもに与えられます。

才能を見つけるために

★事実を並べた本よりも物語の方を好みますか？

★3歳までに、悲しい気持ちを物語でなぐさめられるようになっていますか？

★4歳までに、自分でストーリーを作っていますか？　奇想天外でおもしろい言いわけをしますか？

★4歳半までに、最近出かけたときのことや経験したことを、ごっこ遊びで再現していますか？

★誰かに計画してもらわなくても自分から遊んでいますか？　他の子どもと一緒のとき、ごっこ遊びを率先して計画していますか？

★4歳までに、ごっこ遊びの要素を、組み立てや自転車乗りなどの実際的な遊びにも取り入れていますか？

★何かを演じているときに、恥ずかしさを気にしないでいますか？

★4歳までに、目にしたしぐさや聞いた音がまねできていますか？

★同じ年ごろの子どもと比べ、ふるまいに美しさがみられますか？

◎発達段階の目安

2歳〜2歳半

模倣をし、何かのふりをする。ただし、この年齢のごっこ遊びは、ほとんどすべてがどんな道具を手にするかによる。車を手にしてブーブーと言い、スプーンで人形に食事をさせるなど。ごっこ遊びを引き出すには、本物らしく見える道具が必要になる。

2歳半〜3歳

用いる道具に関係するストーリーを、しぐさで表わす。たとえば、農場の家畜に池で水を飲ませたり、台所で夕食を作る。

3歳〜3歳半

ストーリーはより凝ったものになるが、自分の経験にもとづくものが大部分である。

3歳半〜4歳

ストーリーが、道具が直接意味することを越えはじめる。角材をテーブルとして用いたり、ふつうのライトバンから人形にあげるアイスクリームを買う、など。

4歳〜5歳

意識的に「ふりをする」行為に入ったり、そこから出る。友だちのためにある場面のセッティングをする。「ふりをする」という言い方を使う。ストーリーがより凝ったものになり、テレビやビデオや本で見たことを遊びに用いることもある。お医者さんへ行ったり靴を買ったりなど、最近あったできごとに関連させて遊ぶ。

5歳〜6歳

まねるしぐさはより凝ったものとなり、以前より道具に拘束されなくなる。自由な時間を、想像の世界を楽しんで過ごす子どもが多くなる。

基本的な道具が少しあれば、それを想像の力で変えて、子どもは物語全体を演じます。

Recreating experiences

日々の経験を再現する

ごっこ遊びは日常の経験を再現することから始まります。夕食を作ったり、買い物をしたり……。年長になると、最近出かけたときのことや経験したことをもとに遊んだり、架空のストーリーを作ることもできます。ただしそのためには、適切な道具立てが必要です。

子どもが学べること

◆ 日々のできごとについて話す。何があったかを自分で思い出し、親や大人にくわしく語るようになります。

◆ しっかりと考えて、思い出したことや自分の気持ち、感じたことを言葉で表現できるようになります。

◆ 以前あることをしたときに、どうだったかを思い出します。次に出かけるときに、細かいところまで見るようにこころがけるようになります。

◆ おもちゃのお金で遊び､数えることに慣れてきます。キッチンのはかりも「重い」か「軽い」かを捉える助けになるでしょう。

◆ 気を散らすものから離れるために、キャンプ遊びなどをするのはどうでしょう。集中しつづけるのが困難な子どもには特に役立ちます。

◆ いま目にしていないものごとについての話をします。

● キッチンで

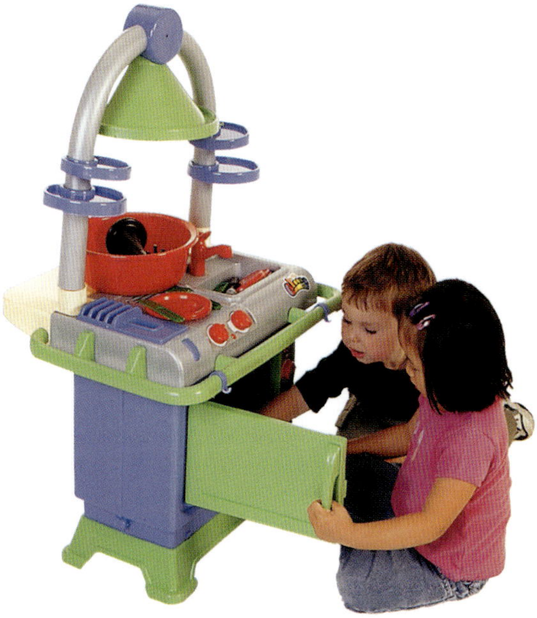

家事のうち、毎日行なわれる数少ないことの一つが調理です。子どもがもっともよく使うのはキッチンのおもちゃなのも当然で、おそらくままごと（料理のごっこ遊び）は２〜３歳児がいちばん好む遊びと言えるでしょう。このくらいの年齢の子どもは、現実にそっていることを必要としています。このことは、おもちゃ風の顔のついた鍋よりも、実物に似た小さな片手鍋やフライパンの方が、子どもはよく遊ぶことからもわかると思います。

大人にできることと子どもがすること

- おもちゃのキッチンがあれば、ごく幼い子ももう少し上の子もいろいろと遊ぶことができます。調理器具とシンク、また家で使用していれば電子レンジなどのおもちゃを用意してください。
- 小さなテーブルやおもちゃの食器、スプーンやフォークがあれば、遊びがさらに展開します。鍋も増やし、ソルト・ドウや紙粘土で食べ物を作ってぬいぐるみ用にしてもいいでしょう。
- 実際の調理を子どもに手伝わせてみましょう。ピクニック用のサンドウィッチなどなら作れるでしょう。

休日にしたこと

休日に出かけ、家に戻った後で、どんなことがあったかを思い出すのは子どもには難しいことです。記憶を呼び起こすのに頼りにできる道具がないからです。ほとんどの記憶を見ることに依存している子どもは、思い出すのが難しくなるわけです。経験したことをいくつか再現し、子どもの記憶を助けてあげましょう。

大人にできることと子どもがすること

- ホテルに泊まった場合は、フロントデスクを鍵の場所もふくめて再現してみては……。入場券にスタンプ（文具店にあるもの）を押す机などを用意するのもいいかもしれません。その他のオフィス用具もいろいろ使えます。
- 庭にテーブルを置き、カフェを作ります。パラソルやおもちゃの料理をいくつか、あるいは実際の料理を用意します。
- パンフレットを数冊、電話機、チケット数枚を使って、旅行代理店をまねてみます。
- 休日にしたことを話題にします。細かいことを子どもに思い出させてみるのです。写真を見て、その日のことを一緒に話すといいでしょう。

買い物

ありとあらゆるお店をまねることができます。たとえば、工作に使う段ボール箱は食料品店にも使えます。家族の靴を集めて靴屋に、紙で魚の形を切り抜いて魚屋に、台所の果物や野菜を借りて八百屋にします。ちょっとした想像力を発揮するだけで十分です。

大人にできることと子どもがすること

- 店にはレジとお金が少々必要です。おもちゃのお金よりも、海外旅行で残った小銭や財布の中の小銭を利用するのがよいでしょう。
- 量り売りするものを扱うなら、量る道具があるとずっと楽しめます。ふだんクレジットカードで支払っているなら、カード処理機をまねたものが作れないか、試してみてください。不要なレシートをとっておき、お客さんに渡すのに利用しましょう。
- 靴屋なら鏡や靴のサイズを測る道具を用意してみてください。
- 袋もいくつか用意します。さらに、ごっこ遊びをよりおもしろくする最後の仕上げを考えます。たとえば、開店・閉店を示す札を作るのはどうでしょうか。

● 室内でのキャンプ

小さい子どもはたいてい、キャンプや隠れ家遊びを喜びます。室内で簡単にキャンプをするには、テントを置くか大きいテーブルにシートを掛けます。腰かけるクッションとおもちゃもいくつか用意しましょう。こうして特別な場所を作ると、かなり長いこと子どもは満足して遊ぶでしょう。

大人にできることと子どもがすること

- 子ども用の家やテントが市販されています。夏なら庭にテントが張れます。冬は、しっかりした椅子を2つ並べ、その間にロープを張り、上から毛布をかけます。重い缶を端において重しにします。
- 釣りざおやリュックサックは探検ごっこ（玄関までだとしても）にぴったりの道具です。テントでのピクニックは、探検をしめくくるのにうってつけでしょう。

Little worlds

子どもたちのちいさな世界

本やテレビ、ビデオであっても、物語の世界に触れてきた子どもは、自分でもそうした世界を作りたがるものです。簡単な作りの車や村を模倣した凝ったおもちゃ、また、お気に入りの人形一つでも、あるいは棚いっぱいのぬいぐるみも、子どもに人気の高いおもちゃはみんな、子どもが「ちいさな世界」を作る道具になります。

子どもが学べること

- 想像力を使うこと。静かに座り、注意をはらって、作業を初めから終わりまでやりとげられます。
- 一緒に遊びを楽しんで、友だちと仲よくなれることを知ります。
- 自己意識の要素の一つに性別があることを知ります。

● 人形について

今から50年ほど前は、ほとんどの女の子が赤ちゃん人形を手にし、恵まれていれば乳母車のおもちゃも持ち、人形にミルクを飲ませるごっこ遊びをしました。今日では、おしゃれな人形が赤ちゃん人形にほとんど取って代わられました。それでも人形は、以前とほぼ同じ役目をはたしていると思われます。それは女の子に、女性になるとはどういうことかを理解させるということです。

幼児は性別の自覚を確立していきます。「女性である」「以前も女性だった」「これからも女性である」ことを知ります。自分を女性と感じることは、いわゆる女性らしくふるまうこととは別ですが、子どもが性別の自覚を得る過程で用いるのは、性別のきわめてステレオタイプな部分です。

子どもは捉えにくいものに注目したりはしないので、性別による役割も単純明快に捉えます。女性が主に家族の世話をし、家の中のことをしていた時代は、女性の役割として子どもにすぐ目についたのは「赤ちゃんの世話」でした。現在では女性の役割は以前ほど固定されてなく、女の子はおしゃれな着せ替え人形を持ちたがります。そしてその人形に女性の定型像を見ます。もしも子どもが、平等を重視する環境で育ち、家でも男の子と女の子、あるいは成人の男女を問わず同じ能力が期待されるときは、かならずしも性別の自覚が制約となる必要はないことを学ぶでしょう。

大人にできることと子どもがすること

- 以上のことをめぐっては、大人が偏見を捨て、子どもが心から望むままにすることが必要だと思います。友だちがおしゃれな人形を持っているのに自分は赤ちゃん人形で遊ぶ、ということはほとんどないでしょう。
- 女性はきれいな服を着るだけの存在ではないと、娘にわからせたいと思うお母さんもいるでしょう。その場合は、女性の役割や期待されることについて前向きな考えを子どもに示しましょう。着飾るだけではない女性を表わす行動を、子どもにもすすめます。ただし、「着せ替え人形用のジム用具を買う」などということは考えないように！　それよりも、実際に身体を動かすことです。一緒に走る、徒歩で遠出をする、自転車に乗る、スケートをする、あるいは子ども向きのジムの講習に出かける、などです。
- おしゃれな人形によくある非現実的な体形を、子どもが理想としないよう気をつけましょう。

● 車庫を作る

車の給油は日常目にする子どもが多いので、再現しやすい遊びになります。おもちゃの車庫を作ることもできますが、ミニチュアのガソリンのポンプがなければ市販品を使うのが便利でしょう。駐車場と給油設備を組み合わせているものを探します。

大人にできることと子どもがすること

- ボール紙や薄い板で簡単な車庫が作れます（次頁の農場の作り方を参照）。ガソリン用のポンプはマッチ箱で作れます。金具つきの紙綴じ用のひもは、ポンプのノズルとして使えます。
- 手の込んだ道のレイアウトを作るとき、車庫はその一部にもなります。

● 農場を作る

農場のおもちゃには既製品もありますが、プラスチック製の小さな動物をいくつか買って、あとはボール紙や空き箱で農場を作ることもできます。牛や羊には草地を、アヒルには池を、豚には小屋を用意します。納屋やトラクターを加えても楽しくなりますが、柵は幼い子にとっては邪魔かもしれません。

大人にできることと子どもがすること

- おもちゃの農場を簡単に作るには、丈夫な台紙またはMDF［木くずを圧縮した素材］のいちばん薄い板を2枚用意します（店頭で好みの大きさにカットしてもらうとよいでしょう）。2枚を厚手のテープでつなぎあわせます。こうすると半分にたためて、しまうのに便利です。野原や道、農地を色づけします。鏡のタイルを盤上に貼りつけて池を作ります。次に空き箱やボール紙で建物を作ります。動物は市販のものをいくつか買います。子どもはたいてい動物が家族になっているのを好むので、子牛や小羊も探してみてください。
- 都市に住む子どもは、農場を田舎の生活の代表としてよりも、むしろ家庭の別の姿として見るでしょう。子ども自身の遊びを子ども自身の仕方でさせましょう。
- できれば子どもを連れて本物の農場を見に行きましょう。農場のお話を読んでもいいでしょう。なにも知らないままでは遊ぶのが難しいからです。

Dressing up

衣装を着て、ヘンシンする

衣装をまとって誰かをまねることは演技の一種と言えますが、子どもが初めて父親の古びた帽子をかぶるときは、まだ役柄を演じてはいません。子どもはただそういうかっこうをして楽しんでいるだけです。

幼児と「自分」

２歳になるまでには、子どもは自分を指す言葉（私や僕など）が使えるようになります。鏡の中や家族の写真の中の自分の姿もわかります。ただし「自分」を知っているといっても、自分の思うことや感じることが、他の誰とも同じではないことはまだ理解していません。子どもがお巡りさんの帽子をかぶるとき、子どもにとって、自分を警官と思っていけないわけがありません（ふつうは、単にそのかっこうをして、ただ楽しんでいるだけですが）。幼い子どもは、現実と見かけをはっきり分けることができません。お話と本当のことの違い、あるいは現実の体験を自分で思い出すことと、人から聞いた話とがどう違うのかは、子どもには不確かなことです。

動きをまねする

生後間もなくのうちから、子どもは大人のすることをまねしはじめます。生後10か月になるまでには、実際に飲むかのようにカップを口に持っていき、飲むしぐさをまねることも多いでしょう。また、身ぶりを言葉のように用いているはずです。たとえば「(起こして)立たせて」と言いたいとき、両腕を上げます。実際、ごっこ遊びの多くは、初めはそれによって話したり考えたりしているかのように見えます。２歳以前に、子どもが役柄を演じる遊びに加わることはありません。また、４歳になるまで子どもは、他の誰かになることと誰かのまねをすることとを分けてとらえる様子はないでしょう。ふつう４歳から５歳の間で初めて、その区別をしはじめます。たとえば、このくらいの歳になると子どもは次のように言うでしょう。「ぼくがお父さんのふりをするよ。○○くんは赤ちゃんね」。役を演じることと、その人になることとは違うと理解しているのがここからもわかります。

現実的な遊びと想像による遊びの、どちらにどれくらいひかれるかは子どもによってかなり異なります。幼少時代の時間の多くを誰かになりかわって過ごす子どももいれば、絵を描いたり組み立てたり自転車に乗って過ごす子どももいます。子どものごっこ遊びを促すには、お話をたくさん読み聞かせることです。特に、言葉で生き生きと表現された、想像をかきたてるお話が役立ちます。

まねごとと現実との区別をおぼえた後でも、
子どもは演じるという遊びに熱中します。

大人にできることと子どもがすること

- 子どもが遊べる衣装を集めましょう。女の子が喜ぶものは、たいてい華やかで目立つものです。男の子は帽子やブーツ、マントなど男らしいかっこうを好むことが多いでしょう。慈善団体の店［中古の格安品がみつかる店］などで適したものが見つかるでしょう。
- 小道具を選ぶことも欠かせません。ヴェールやアクセサリー、マント、かばん、電話などです。
- 衣装はすべてまとめて、たんすや収納箱にしまいます。または、出し入れしやすいようコート掛けにつるします（それぞれの衣装に必要な道具は、まとめて袋に入れてつるします）。
- 衣装を脱ぎ着するのに大人の手助けが必要かもしれませんが、これはふだん服を自分で着るためのよい練習になります。
- 子どもの要望を聞き、衣装をアレンジします。中には頭にかぶるものを嫌がる子もいれば、ボタンが苦手な子もいます。首の開きを広くし、子どもの手が届く正面に留め具をつけるといいでしょう。幼児がもっとも扱いやすいのはマジックテープです。

才能を見つけるために

★自分自身の世界に入っていけますか？
★衣装を身に着けることは、好きな遊びの一つですか？
★役柄に没頭していますか？
★演技をしますか？
★鏡をのぞきますか？
★他の子どもと遊ぶとき、遊びをとりまとめていますか？
★他の子よりも、ごっこ遊びをよくしますか？

◎発達段階の目安

2歳〜2歳半

模倣をし、簡単なごっこ遊びのしぐさをする。年上の子どものごっこ遊びに加われるが、自分で遊びの内容を作ることはできない。衣装を身に着けるのを楽しむが、誰かを演じるというよりは、単にそのかっこうをするだけである。

2歳半〜3歳

年齢の近い子どもと簡単なごっこ遊びを始める。衣装を選び、どう遊ぶかを決めるが、いつも衣装どおりの役柄をするとはかぎらない。

3歳〜3歳半

より凝ったかっこうをする。他の子どもと遊ぶとき、自分の役割に合わせたかっこうをすることも多い。他の誰かであることと、他の誰かのふりをすることとの区別はまだあいまいである。

3歳半〜4歳

女の子は女性的な衣装を選び、男の子は男らしいかっこうを好む。ただし、衣装をつけてもその役を演じないで、別の遊びを始めることもある。

4歳〜5歳

他の誰かであることと、他の誰かを演じることとが区別できる。「〇〇のふりをする」という言い方をする。役柄やその役柄の口調に入り込むが、まわりの大人から話しかけられると自分に返る。

5歳〜6歳

役柄を表現する。衣装の外見に関して、以前より意識しはじめる。ごっこ遊びを現実そっくりにしたがる。

Being someone else

誰かのまねをする

複雑な考えをまとめたり、抽象的に考えることは、幼児にはできません。そのかわりに、幼児には行動に移す必要があります。服装もまねながら大人のすることを実際にまねて遊ぶことで、まわりの大人が自分の生活にどう係わっているかを、子どもは考えるようになります。

子どもが学べること

- 自分とは別の個人として親を見、理解するようになります。
- 自分自身、そして家族の中での自分の役割に目を向けるようになります。
- ごっこ遊びを楽しみます。
- 性別の自覚が明確になり、男女の違いを理解するようになります。
- ひとりで過ごす時間を持つようになります。

● 母親と父親

両親は、子どもの生活にとって中心となる存在です。けれども親の生活は、子どもだけを中心に成立するわけではありません。親は仕事をしたり、他の子どもの面倒をみたり、子どもが寝た後に出かけたりもします。自分の考えや感情、欲求を、親は共有していないことを、子どもは努力して理解しなければなりません。また、子どもと親とでは、何を優先するかが異なることも理解する必要があります。子どもにとって、大人の世界を捉える唯一の方法となるのが、大人を模倣することです。まさに子どもはつね日頃そうしているのです。

大人にできることと子どもがすること

- 父親、母親の特徴や、そのさまざまな役割の特徴を表わす道具が必要です。たとえば、めがねや携帯電話、書類かばん、それにハイヒールの靴などです。
- 親の趣味を表わすものも用意しましょう。トレーニング用バッグ、釣りざお、おもちゃの双眼鏡やガーデニング用の熊手などです。

男の子はやっぱり男の子

子どもは就学前には性別を自覚するようになります。男の子が、男性であるとはどういうことなのかを知るために必要なのは、男性のすることと女性のすることを区別することです。かつては簡単にわかったことですが、近年ではかなり難しくなりました。極端な例の方が区別しやすいので、子どもはわかりやすい方に飛びつきます。父親がどんなに優しくて家事をいろいろするとしても、子どもが男女の相違を知る必要があるときは、現代であってもスーパーヒーローは男らしさのエッセンスを体現しなければならないのです。ただし、いかにも男の子らしい遊びを男の子がしなくても心配しないでください。性別の自覚を別の方法で学ぶ子どももいるのです。

大人にできることと子どもがすること

- 子どもが望むなら、典型的なスーパーヒーローの漫画を見せましょう。
- 子どもの好きなキャラクターになれる衣装を用意しては。マントや帽子が役立ちます。マントは簡単に手作りできます。マジックテープを取りつければ、子どもにも脱ぎ着しやすくなります。
- スーパーヒーローの小道具としてよく出てくるのは、敵を倒すためのものです（次頁の「ピストル」の項を参照）。

● 女の子はやっぱり女の子

男の子が男らしいイメージに飛びつくように、女の子もやはり女らしさの極端なあり方にひきつけられます。衣装ケースの中の女の子のお気に入りと言えば、たいていは華やかで目立つもので、大人がふだん着る服とはまったく異なるものです。でも、初めからわんぱくな女の子だとしても心配することはありません。そうした子どもは、性別の自覚を別の方法で学んでいきます。

大人にできることと子どもがすること

- 女の子が欲しがるのは、金の靴や羽のえり巻き、スパンコール付きのトップス、サテンのドレス、さまざまなアクセサリーと言ったものでしょう。これらの華やかな衣装は慈善団体の店やフリーマーケットなどで買うか、パーツを探せます。
- 大人の着古したドレスを、子ども用にカットするのもいいでしょう。横幅は大きくても問題ありませんが、子どもが裾を踏む危険がないように丈をつめてください。
- 花嫁やお姫さまのかっこうはいつでも人気があります。ヴェールさえ用意すれば、特別凝ったドレスは必要ありません。白いネグリジェやペチコートの丈をつめて使います。

● ピストル

もし幸いにすべての親がピストルのおもちゃを拒否し、子どもの友だちも誰も持っていないという社会環境にあれば、子どもはピストルのことなどは決して口にしないでしょう。

友だちがピストルのおもちゃを持っていたり、欲しがったりする場合は、自分の子どもに禁じるのはかなり難しくなります。禁じたとしても、代わりに棒などを使い、ねらいをつけて、「パーンパーン」と言って遊んだりするでしょう。組み立てキットを使って自分で作ることさえあるかもしれません。

使わせる？　使わせない？

「暴力的な」おもちゃで遊ぶと、子どもの行動にも影響がおよぶでしょうか？　そのような証拠は特にありません。重要なのは何をして遊ぶかよりも、むしろどのように遊ぶかです。ピストルごっこは乱暴な遊びになりえますが、それはサッカーにしても同じです。子どもは仲よく協力的に、善玉と悪玉の打ちあいで遊ぶこともありますし、ボードゲームで取っ組みあいのけんかになることもあります。与えられたピストルのおもちゃで子どもが遊ぶ時間は、禁止された場合にピストルが気になる時間よりも、むしろ短くてすむでしょう。

荒っぽい家庭や文化の中で育つと、子ども自身も粗暴になりやすくなります。銃を持つことを認める文化は、暴力的傾向が生じやすくなります。もし、おもちゃのどれにも武器がついていれば、子どもも影響され、銃を持つのはふつうと感じることが多くなるでしょう。大量生産で作られるおもちゃは、多くがアメリカを市場にしています。アメリカでは銃や極刑への考え方がヨーロッパの国々とは大きく異なります。

この問題は最終的には、親が自分自身の考えに従うべき問題でしょう。もし大切な問題であると考えるのであれば、決してゆずらないという姿勢をとってもいいでしょう。肝心なことは、愛情とゆるがない公平なルールとが結びついていることです。

More than play-acting

ごっこ遊びの楽しみ

ベッドの下の「お化け」が怖くて、部屋を暗くできない子がいるかもしれません。でも、そうした子どもでも、シーツを頭にかぶってうなりながら、怖がるふりをする大人を追いかけまわすのは大好きです。ごっこ遊びは、子どもの怖がりやその他の問題に対処するのにも一役かってくれます。

子どもが学べること

- 怖いと感じるときにどう対処するか、感情をどうあつかうかを学べます。
- 想像し、笑いながら一緒に遊びを楽しめます。
- 特定のものへの恐れをいくらか抑えられるようになります。
- 誰かになりきることで、自分自身を理解しやすくなります。また、他の人が自分とは別個の存在であることも学べます。
- それぞれの人がそれぞれの感じ方をすることを理解できます。

● お化けや怪物

幼児がときとして何かを怖がるのは、よくあるまったくふつうのことです。子どもはたいてい、親とはぐれたり、親から離されるのを怖がります。また「何か大きなものが自分を連れていくのでは」と怖がりますが、これは太古の時代では現実的な恐怖だったのでしょう。危険なことを気をつけるのはもちろん賢いことですが、落ちついて考えたり行動できなくなるほど怖がるのではよくありません。恐れにどう対処するか、子どもは学ぶ必要があります。

大人が何かの恐怖症を治すための、よく知

られた効き目のある方法があります。リラックスした楽しい気分を保ちながら、同時にいちばん怖いもののことを思い浮かべるのです。お化けを怖がる子どもが、シーツに身を包んでたわいない（そして楽しい）ゲームをするとき、子どももまさにこの方法を実行しています。そして怖いものにしだいに慣れていきます。

大人にできることと子どもがすること

- 特定のものを子どもが怖がる場合は、その対象のことを書いた本を探します。子どもにぴったり寄りそい、話を一緒に読みましょう。怖ろしいことを考えつつも、子どもは安心感を得られます。
- 子どもと一緒に怪物の絵に描いたり、粘土で作って、親しむのもいいでしょう。
- 子どもがお化けのかっこうをしたら、怖がってください。大人が怖がるのを笑うことで、子どもは怖いものへの対処を学びます。
- たわいない内容のお化けの話を、子どもに聞かせます。一緒に怖がってから、最後に笑うのです。
- 昔ながらのおとぎ話をたくさん聞かせましょう。おとぎ話では恐ろしい要素と、幸せな（または公正な）結末からくる心地よさとがうまく調和されています。これは何世紀にもわたって完璧に仕上げられてきたものです。
- 恐怖に対処するのに、いつも楽しまなければならないわけではありません。家族の誰か、あるいは大切なペットを亡くしたとき、他の人も死んでしまうのではと子どもが怖がるのはごく自然なことです。子どもと一緒にすわって、思い出を分かちあいましょう。泣くのも当然なことです。ぴったり寄りそってあげるとき、子どもは恐怖からではなく、悲しみから涙を流すでしょう。

動物ごっこ

本物の動物は話せませんが、子どもの本の中の動物は人間のようにふるまいます。そのため子どもにとって、ウサギのふりをするのは簡単です。特別なことをしたり、話す必要はありません。ウサギの耳をつけ、高い声でしゃべり、跳ねるだけで楽しめます。レタスをねだったり、「ウサギちゃん」と呼ばれたがるかもしれませんが、ウサギのかっこうをしてみたいだけのことも多いようです。

大人にできることと子どもがすること

- 物語を読むことは、動物や人間を演じやすくします。
- 衣装を上から下まで用意しなくてもかまいません。好きな動物になるのには、耳やしっぽだけでたいてい十分です。
- 衣装がないときは、フェイスペイントだけでも十分でしょう。子どもの絵からもわかるように、顔はもっとも大切な意味を持つ所です。どんな顔になったか、鏡で忘れずに見ましょう。

欠かせないもの

衣装を「ほんもの」らしく一変させるための定番の必需品があります。警官の帽子、郵便配達の袋、妖精の羽、花嫁のヴェール、ゾウの鼻などです。こうした欠かせないものを用意するだけで、ゲームがずっとおもしろくなることがあります。

大人にできることと子どもがすること

- たとえば4歳の子どもに、自分がなりたい人物やしたいことを絵に描かせてみます。重要だと思うものを子どもは絵に描き入れます。
- 観察力を発揮してください。何を取り入れるとよいかがわかってきます。

他の子と一緒に

幼児が数人で仮装ごっこをしているとき、そこに計画性はめったに見られません。もっと年上の子どもなら、あらかじめ決めた役柄に合わせたかっこうをしますが、幼児の場合はそうではなく、ただ着たいから着ているだけのことも少なくありません。奇抜な服を取り合わせて着るのが、子どもにはおもしろいのです。よいかっこうをして見せて歩く、「ドレスアップ」遊びをしているわけです。

大人にできることと子どもがすること

- よく起こりがちなのが、衣装箱にあるいちばん人気のアイテムをめぐるけんかです。友だちが集まる前に、それらはあらかじめ取り除いておく方が賢明かもしれません。
- 特別なアイテムを取り置いて用意しておきましょう。金のラメ入りのズボンやバットマンのマントを誰かが横取りしても、そのあとヴェールやプラスチックの盾を追加すればなんとかおさまります。

Interactive games

遊びを通じての交流

互いにやりとりするスキルを子どもはゲームで遊びながら身につけます。年齢が上がるにつれ、対戦相手に作戦をしかけるなど複雑なやり方も必要になってきます。子どもがそうしたやり方を学ぶのに、ゲームはよい手段になります。

私たちの社会

パンが食卓に届くまでには、まず穀物を育てる人や粉にひく人がいて、さらにさまざまな人が加工や包装や販売にたずさわっています。いくつもの段階の協働、分担、相互関係からなる複雑な社会の仕組みを、子どもは学んでいかなくてはなりません。さまざまなゲーム、特にチームでする作業をふくむゲームは、子どもが決まった目的へ向けてともに作業することを学ぶのに役立ちます。

一緒にやりとりして遊ぶのに、いつもゲームボードや球やチームづくりが必要なのではありません。想像力さえあればたいていどんなことでも遊べます。

昔ながらの遊び

なわとびなどの子どもの定番の遊びは、私たちの文化の中で何世紀にもわたって続いています。子どもが楽しめなかった遊び（あるいは、子どもに何も得るところのない遊び）だったら、もちろんとっくの昔にすたれていたでしょう。とはいえ、すべての遊びが、就学前の子どもに適しているわけではありません。たとえば6歳未満では、有利な条件を作ったり作戦を立てることができないので、ルードーのようなすごろく遊び（このゲームでは、動かし方を自分で決めなくてはなりません）も、手を考えずに行ないます。ゲームにある技能的要素はなくなり、運まかせになってしまいます。なわとびも身体的に負担が大きいかもしれません。おはじきのような手先を使う遊びも簡略化したほうがよいことが多いでしょう。

ゲームを選ぶ

今日では、幼児が路地で年上の子どもと遊ぶことがなくなりました。そのため子どもが昔ながらのゲームに最初に触れるのは、誕生日会などのときが多くなっています。ただこうした集まりでもしだいに、出来合いのエンターテインメントを楽しむことが多くなってきました。ただ見ているよりも、参加して遊ぶことの方が子どもにはずっと得るところが大きいので、こうした傾向は残念に思えます。幼児に最適なゲームは、「バラの輪を作ろう」のような輪になって歌う遊びや、アーチを作ってくぐる「オレンジとレモン」のような遊びです（193頁、194頁参照）。4歳までには、相手を出しぬく要素の入った遊びや、あらかじめ考えることがいくらか必要な「サーディン」や椅子とりゲームなどもできるようになります（189頁、190頁参照）。

大人にできることと子どもがすること

- 実際に参加して遊ぶことが子どもには必要です。同じ年ごろの子どもたちと遊べる機会を見つけましょう。またできれば、年上の子どもたちの遊びにも加われるようにしましょう。
- 水泳などをするのもよいのですが、子どもの遊ぶ時間や他の子どもとつきあう時間を、大人の活動をまねたもので埋めてしまうのは避けてください。子どもには好きなように遊ぶ時間が必要なのです。
- 就学前の園を選ぶときは、子どもの社会性をうながすことで就学に備えているかどうかを確認してください。読み方を学ぶのは１年遅らせてもかまいませんが、友だちづきあいを学ぶのを遅らせることはできません。学校が始まる時点で、クラスメイトとの接し方がわからないままだったら、子どもは仲間に入りづらく感じるかもしれません。

才能を見つけるために

★身体を意識できているようですか？　同じ年ごろの子どもと比べて、ふるまい方がきれいで、ぎごちなさが少ないですか？　３歳までに、動きを見てまねられましたか？　年齢とともにこうした技能が上達していますか？

★グループで遊んでいるとき、他の子の位置にもよく目が向いているようですか？

★他の子どもと一緒にいるのを楽しんでいますか？　４歳までに、よく協調して遊んでいますか？

★４歳までに、簡単なボードゲームのルールを理解できていますか？

★４歳までに、ゲームの次の手を計画したり、基本的な作戦を立てる力の兆しが見られますか？

★５歳までには、負けても不機嫌にならずにいられますか？

★物に対してよりも、いつも人に対してより関心を示しますか？

★人づきあいが早くからうまくできていますか？（第２章を参照）　一緒にいるとき、他の子どもを安心させていますか？　他の子どもが一緒に遊びたがりますか？

◎発達段階の目安

2歳～2歳半

輪になってする簡単な遊びや追いかけっこに加わる（まだうまく逃げられない）。かくれんぼ（189頁参照）ではいつも同じところに隠れる。

2歳半～3歳

年上の子どもと、もっとうまく隠れるかくれんぼを楽しむ。

3歳～4歳

輪になったりアーチを作る遊びを楽しむが、集まった子どもが自発的にはできない。簡単なボードゲームはできるが、コマをどう動かすかを理解するのは難しい。「おばあさんの足跡」や「小屋の農夫」などのゲームができるが（191頁、194頁参照）、自分で遊びをとりしきるのはずっと後になってからである。

新しいゲームをおぼえるのは子ども同士でできますが、負けをおぼえるにはまず親とゲームをするのがよいでしょう。

4歳～5歳

ボードゲームを楽しむが、結果は運まかせである。自分でコマを動かせることは多いが、まわりが声をかけて気づかせてあげる必要がある。鬼ごっこなどをするが、もっとこみいった遊びには大人の指揮が必要となる。

5歳～6歳

勝つことを重視し始める。石けり遊びができる。手を打ちあって歌う遊び（簡単なもの）ができることも多い。グループで行なうゲームは、簡単なものでもまだ誰かにゲームを指揮してもらう必要がある。

Let's have a party!

パーティーをしよう！

パーティーでの昔ながらの遊びは、集まった子どもたちを楽しませるのにうってつけです。いちばん小さい子に合わせて、簡単にできる遊びにする必要があります。子どもが走りまわれるようなゲームを主に選びましょう。勝ったときには（あるいは参加した子どもに）ちょっとした賞品を渡すのもよいでしょう。その場合は、賞品が公平にいきわたるように注意しましょう。

子どもが学べること

- 他の人の作戦を見て、自分でも作戦を考えるようになります。
- 勝つだけでなく、負けを受け入れることも学びます。
- 楽しみ、みんなで笑い、グループ内でやりとりができます。
- 他の人が何をするかを予想するようになります。

● かくれんぼ

定番の遊びです。1人がオニになって目を隠している間に、他の子たちは逃げて姿を隠します。あらかじめ決めた時間——ふつうは20まで数える——がたったら、オニは「もういいかい！」と声をあげ、隠れた子を探しにいきます。

大人にできることと子どもがすること

- さらに別の要素を加える遊び方もあります。探す役目の子（オニ）が、みんなを見つける以外に、自分の陣地も守らなければならないというものです。見つからずに（あるいはつかまらずに）陣地まで戻ってこれた子は、次にオニにならずにすみます。最初に見つかったりつかまった子が、次にオニになります。
- 「サーディン」はかくれんぼを逆にした遊びで、最後は全員が一緒に隠れて終わります。まず、みんなで同じ部屋に集まり、1人だけが部屋を出て隠れます。部屋にいる子たちは、数をかぞえるか歌をうたい、それから部屋を出て、隠れている子を探します。見つけたら、自分もそこに隠れます。みんなが缶詰めのイワシのようにぎっしりと寄り集まるわけです。

音楽が鳴りやんだら

椅子とりゲームをするには、子どもの人数分のクッションを用意します。子どもと子どもの間に間隔をとり、一列に並べて置きます。音楽が鳴りやむと同時に、子どもはクッションを一つ確保してすわります。何度か行なったあと、クッションを一つ取り去ります。音楽が鳴りやんだらいっせいにすわり、クッションにすわれなかった子どもはゲームからはずれます。同じようにして、1回ごとにクッションを一つずつ減らしながら続けます。最後に一つ残ったクッションにすわった子どもが勝ちです。

大人にできることと子どもがすること

- 椅子を使ってもできます。椅子の向きを交互に逆向きにして並べてください。
- クッションのかわりに、おもちゃの帽子を使う遊び方もあります。帽子を人数分用意して輪になってすわり、帽子を一方向に順に渡します。1回ごとに帽子を一つずつ減らしていきます。最後に残った帽子を、音楽が鳴りやんだときかぶった子どもが勝ちです。
- 「ホット・ポテト」も似た遊びです。輪になってすわり、じゃがいも一つを一方向に順番にまわします。使うのは本物のじゃがいもでもボールでも、他の似たようなものでもかまいません。音楽が鳴りやむ前に、次の人に渡さなければなりません。鳴りやんだときにじゃがいもを持っていたら、ゲームからはずれます。
- 「包み渡し」のゲームでは、包みの中に賞品を入れて何重にも包装します。輪になってすわり、包みを順に渡します。音楽が鳴りやんだときに包みを手にした子が、包装を1枚開きます。各包装ごとに小さな賞品を入れてみるのもいいでしょう。最後に包みを開けた子が、賞品を手に入れるのです。

動いちゃだめ！

「おばあさんの足跡」［「だるまさんがころんだ」に似た遊び］は昔からある遊びで、バリエーションも豊富です。もっともよく知られた遊び方は次のとおりです。

ひとりがおばあさん役になり、陣地に立ちます（ふつうは木や壁に向かって立ちます）。ほかの参加者（子）はいくらか離れたところに、間をおいて並びます。おばあさんが背を向けている間に、子たちはおばあさんの方へ進んでいきます。おばあさんは突然みんなの方を振り返ることができます。そのときに動いているのを見られた子ははずれます。おばあさんの背中に最初に触れた子が勝ちで、次におばあさん役をなります。

大人にできることと子どもがすること

- もう少し簡単な遊び方としては、音楽をかけて行なう「銅像遊び」があります。音楽がとまるまで、子どもたちは好きなように踊ります。音楽がとまったら、どんな格好であろうとそのままじっとしていなければいけません。動いた子ははずれ、また音楽をかけてくりかえします。くすぐることはできませんが、それ以外の方法で笑わせて、他の子の動きをさそうことができます。負けてはずれた子にも、次に誰が動くかチェックする楽しみがあります。
- 少し難しくした遊び方としては「見張り番」があります。木の多い場所には隠れ場がたくさんあるので、とてもおもしろく遊べます。ただし幼児の集まりのときは、大人がしっかり監督しなくてはなりません。最低3人いれば遊べますが、大勢でするのがいちばんです。

ひとりが見張りになり、目隠しをして陣地に立ちます。その間、他の子たちは隠れます。見張りはまっすぐ前だけを見て、陣地とどこかもう1か所の間を行き来します。頭を動かしたり、目を横にやってはいけません。他の子たちは見張りに見つからないように（隠れ場が少ないときは、動くのを見られないように）陣地に戻らなければなりません。見張りが背を向けている間は、走ったり、かがんで進めますが、見張りがパトロールから戻って振りかえるのに備えて、すぐに隠れ場にひっこめるようにしなくてはなりません。

Just fun

とにかく楽しく

自分から楽しみ、そして人と楽しみをともにできる子どもは、本当の意味で創造的と言えます。目立った賞をもらうわけではなくても、幸せや友情、まわりとの協力的なつながりといった肝心なものをたしかに手にしているからです。勝ち負けはなしにみんなで楽しむ歌遊びは、パーティーのゲームの中でも特に人気があります。

子どもが学べること

- 自分から楽しみ、また楽しみをともにし、笑って遊ぶようになります。なによりまず、他の子ども（初対面の相手でも）と一緒にいることを楽しめます。
- 簡単な作戦を使ってゲームをうまく行ないましょう。
- お互いによく知らない子どもが集まるときはいつも、歌うことが緊張をほぐすよいきっかけになります。みんなが参加できますし、誰にとっても特別難しいことではありません。

● 大きなふねがいく

大きなふねがこみち《アリー》をいく
アリー・アリー・オー、アリー・アリー・オー
大きなふねがこみち《アリー》をいく
12 月の 19 日

全員で手をつなぎ1列になります。列の最後の子は壁に手をつき、できたアーチを列の先頭の子からくぐっていきます。最後から2番目の子までくぐると、列の最後の子は両手を交差した後ろ向きのかっこうになります。今度は列の最後と最後から2番目の子の間のアーチを、同じように先頭の子からくぐります。このように続けて、全員がねじれたかっこうになったところで、ねじれを元に戻すか、もう一度最初から始めます。

オレンジとレモン

「オレンジとレモン」もアーチをくぐる昔からの遊びです。２人が両手を合わせてアーチを作り、残りの子はスキップをしてそこを通ります。歌うのはこんな歌です。

「オレンジとレモン」
セント・クレメントの鐘がいう
「5ファージングの貸しがある」
セント・マーティンの鐘がいう
「いつ返すんだ」
オールド・ベイリーの鐘がいう
「お金持ちになったら」
ショアディッチの鐘がいう
「それはいつだ」
ステップニーの鐘がいう
「そんなの知らない」
ボウの大鐘がいう

ここで子どもはアーチにつかまっては放されます。歌が続きます。

ろうそくがきた。ベッドを照らしに。
首切り人がきた。頭をちょんぎりに。
チップ、チョップ・チップ…

最後に「チョップ（切るぞ）」と歌うところで子どもが１人つかまります。つかまった子はアーチに加わります。歌をくりかえし、最後は子ども全員がつかまります。

アヤ・アヤ・コンガ

これはパーティーの終わりに大人がするゲームですが、子ども向きにもなります。

前の人の腰につかまり、全員が１列になります。小さな子が腰につかまりにくければ、ロープを持たせて列につけるようにします。あとは「アヤ・アヤ・コンガ」の歌を歌って、列についていくだけです。先頭の人がツイストやターンをするので、それに従います。音楽に合わせてやってみましょう。

メッシュカーテンのお化け

メッシュのカーテンを用意します。慈善団体の店［中古の格安品がみつかる店］で探してみましょう。切ったものを子どもたちの頭にかぶせ、はちまきで軽く固定します。後は幽霊の声をあげて好きに走りまわらせ、幽霊ごっこをします。

大人にできることと子どもがすること

- もっと本格的にしたいときは、パーティーグッズの店などで使えるものを探します。
- 大きな紙を壁代わりにし、切り込みをいくつか入れて、幽霊が出入りできるようにします。

小屋の農夫

農夫が小屋にいるよ、農夫が小屋にいるよ
E、I、N、G、O、農夫が小屋にいるよ

輪になってする遊びです。1人の子が真ん中に立って農夫になり、他の子たちは手をつないで輪になり、歌いながら、まわって踊ります。最初の1節を歌い終わったら、次の節は、「農夫は嫁がほしい」と歌います。「ＥＩＮＧＯ」の後で止まり、農夫は輪の中から嫁を選びます。節は以下のように続きます。「嫁は子どもがほしい」「子どもは犬がほしい」「犬は骨がほしい」。節の終わりごとに子どもが1人ずつ、輪の中から選ばれます。最後に「みんなで骨をたたくよ」という節がきますが、骨に選ばれた子がたたかれても平気かどうかわからなければここは省きます。

大人にできることと子どもがすること

輪になってする遊びはいろいろとあります。

- 「バラの輪を作ろう」は手をつないで回りながら歌う遊びです。「バラの輪作ろう。ポケットにいっぱいのお花。ハクション！　ハクション！　みんな倒れちゃう」。ここでみんな床に倒れます。

- 「ルーシー・ロケット」または「ハンカチ落とし」では、子どもは輪になってすわります。1人の子がオニになってハンカチを持ち、輪のまわりをスキップして、ハンカチを誰かの後ろにそっと落とします。ハンカチを落とされた子はオニを追いかけ、オニが自分のいた場所にすわる前につかまえなければなりません。

● オオカミさん、いま何時？

オオカミが「1時」「2時」と答えるときは安全です。「12時だ。晩ごはんだ！」とオオカミが答えたら、走って逃げなくてはなりません。最初につかまった子が次にオオカミになります。

大人にできることと子どもがすること

- 1人の子が追いかけ役になって他の子をつかまえる鬼ごっこには、いろいろなバリエーションがあります。たとえば、地面から離れているか、木に触っていれば安全だといったことを決めておきます。つかまった子は次にオニになります。
- 「ダック・ダック・グース（アヒルとガチョウ）」では、1人の子どもがグース（ガチョウ）になり、「ダック、ダック（アヒル）」と言いながら、他の子たちを触ってまわります。ガチョウ役が「グース」と言ったときにはみんないっせいに走り、つかまらないよう逃げます。
- 「ねむったライオン」は、子どもたちが騒ぎすぎているようなときに、しずめるのにうってつけのゲームです。みんな床に横になり、動かないでじっとします。動くのを見られた子どもははずれ、見張り役にまわります。触ったりくすぐったりはできませんが、寝ているライオンを笑わせて、動かせることができます。

Music, song and dance

音楽・歌・ダンス

子どもの中には2歳でバイオリンを始めたり、3歳でダンスのレッスンを受ける子どももいます。けれども、多くの専門家の間では、正式なトレーニングが早すぎたために途中でやめるケースが多い、ということで意見が一致しています。始めるのが遅すぎてついていけず、やめるケースよりも多いと言います。

このくらいの歳なら、正規のレッスンよりも家で音楽に合わせて踊るほうが望ましいでしょう。

音楽に触れさせる

子どもに音楽を聞かせ、音楽に合わせて身体を動かしたり、大人の歌や演奏に加わらせましょう。けれども、子どもがきちんと続けられるよう、大人が時間をとれるのでなければ、音楽の正規のレッスンは就学前から始めるべきではないでしょう。そうした時間があるとしても、演奏への子ども自身の思いと、子どもを音楽家にしたがる大人の願望とのバランスをきちんと見きわめてください。もし、子どもの練習に毎日つき添うだけの時間とエネルギーがあり、また、子どもの意欲が向いていなければ中断もできるしっかりした判断力が大人にあるなら、早期のレッスンも可能でしょう。いずれにしても、世界クラスの音楽家をめざすために早くから始める必要はありません。8～10歳になるまで待つことができます。読みをおぼえるのが大変であるのと同様、楽器を習うのも大変なことです。これらを同時期に行なえば、子どもには楽しんだり、リラックスしたり、人づきあいを学ぶ時間がなくなります。音楽を始めるのは、読みを身につけてからが望ましいと思います。

といっても、幼児が音楽を楽しめないということではありません。まったく逆に、音楽を聞き、たたいて音を鳴らし、踊って歌うことは幼児にはとても大切なことです。

適した音域の曲を歌う

子どもが歌える音域は、ふつうは限られた範囲だけですが、聞く場合はもっと幅広い音域をとらえています。わらべ歌ではこの特定の音域が使われるので、幼児もほぼ音に合わせて歌えます。歌うこと自体を楽しんで、子どもと一緒にわらべ歌を歌いましょう。それ

からだんだん音域を広げられるよう、手助けしていきます。振りつきの歌なら、歌詞とメロディがおぼえやすくなります。

音楽に合わせて動く

子どもは音楽を聞くと、たいていは自然に身体を動かすので、音楽に合わせて踊るようになるのは難しくありません。ロックからクラシックバレエの曲まで、さまざまな音楽に触れさせて、いろいろな動きを誘い出してみましょう。子どもを腕に抱いたり、ひざにのせながら、大人も音楽に合わせて身体を動かします。音色に合わせて身体を上下し、リズムに合わせてスピードを変え、音量に合わせて強弱をつけます。耳をかたむけ、音のすべての特徴に反応することを子どもに教えるのです。

大人にできることと子どもがすること

- 子どもを早いうちから音楽に触れさせましょう。赤ちゃんは言葉のナレーションよりも、音楽の流れる映像を好みます。または、お気に入りのビデオの音量を下げて、かわりにＣＤをかけるのもいいでしょう。映像と音楽が毎回合うようにします。
- 大人が音楽好きであることを、子どもに気づかせましょう。
- 子どもを抱きながら踊り、子どもも音楽に合わせて動きたくなるようにしましょう。
- 子どもが悲しんだり疲れているときは、ぴったり寄り添って一緒に音楽を聞き、音楽で落ち着かせます。
- 音楽を聞きながら、子どもをひざにのせて一緒に身体をゆらしたり、腕に抱いて跳びはねさせます。音楽でいっそう気分がよくなれるようにするのです。
- リズムに合わせて手拍子をしたり、テーブルをたたいて拍子をとってみてください。
- 簡単な歌を教え、一緒に歌いましょう。
- 大人が楽器をひく場合は、子どもに小さなドラムや豆をつめたビンを渡して、大人の演奏に加わらせます。
- 子ども向けの踊りの教室（音楽に合わせて気楽に身体を動かすぐらいのレベル）を探してみるのもよいでしょう。

才能を見つけるために

★音楽の才能が家族に何代か続いていますか？
★赤ちゃんのときから音楽にいつも反応していましたか？
★悲しいとき音楽でなだめられますか？
　嬉しいとき、音楽に合わせて歌ったり踊ったりしますか？
★リズム感覚がすぐれていますか？
★３歳までに、音楽に合わせて、手をたたいたり、動いたりできましたか？
★同じ年ごろのたいていの子よりも、歌がうまいですか？
★誰かが歌ったり演奏をしているとき、自分も加わろうとしますか？

メロディは気にしないこと！　たとえ親の耳には雑音にきこえても、音楽作りには創造性があります。

◎発達段階の目安

2歳～3歳

ひとりで何かを歌うが、歌が歌詞とメロディからなることはおそらく気づかない。音楽のリズムに合わせて動くが、そのレベルはさまざまである。テンポを合わせて（またはほぼ合わせて）たたいたり、ゆすって音を鳴らす。

3歳～4歳

歌（音域が制限されたもの）のメロディをほぼ正確に歌える。音楽に気づいて聴き入ったり、自然と身体を動かし始めるのはこのくらいの年齢が多い。大人の演奏や歌に参加して楽しむ。身ぶりつきの歌を好み、歌詞をおぼえる。リズミカルな対句を使ったお話や詩を楽しむ。

4歳～5歳

曲をおぼえる。歌える音域が少し広がり、合唱もできる。自分から踊り、拍子をうまくとれることも多い。打楽器を楽しむ。ピアノや木琴でいくつかの音を聞き分ける子どもも少数だがいる。多くの子どもは、木琴でも太鼓のようにただたたく。

5歳～6歳

曲に合わせて動いたり、歌ったり、拍子をとるときに、音楽にひいでた子どもは同じ年ごろの他の子どもよりも上手くなる。

Let the children sing!

子どもと歌おう！

音楽の才能には遺伝的な要素があると思われます。けれども、「音楽的」でない家系だからといって、楽器を習得したりうまく歌ったりできないということではありません。かならずしもどんな子もうまく歌えるわけではありませんが、子どもは自分から歌をうたいます。

子どもが学べること

- 簡単な音楽を作って楽しみ、よく耳をかたむけるようになります。
- 何をするかに合わせて、息づかいのパターンを整えます。歌ったり音を長く鳴らすときは、呼気を長くのばすようになります。
- 音に意識的になります。音楽で感情や感覚を表わしたり、「絵を描いたり」できることを理解できます。
- 音楽は社会的な行為であり、人同士を近づけ、仲間にすることがあるのを知ります。
- 打楽器を演奏することで、子どもは、思いのままに作業できるという感覚を得ます。
- リズムを味わい、リズムに反応します。

呼吸を調整する

歌うときは、呼吸をうまく調整することが必要です。このことは、吹奏楽器の演奏でも必要になります。さらに、呼吸をうまく調整することは身体活動を助け、脳によく酸素を取り込むことにもなります。それぞれの活動にふさわしい呼吸を子どもに教えられれば、いろいろと役立つはずです。

大人にできることと子どもがすること

- ろうそくを吹いて消すことを教えましょう。次に、静かに息を吹きかけ、ろうそくを消さずに、炎をゆらすことを教えます。
- 一つの音をどのくらい長く出せるか、やらせてみます。５つ数えるまで、息を保てるでしょうか？
- ストローで吹いて絵の具を広げたり、ストローを使って飲む練習をしましょう。
- シャボン玉で遊びましょう。
- 速く走ってから、次に軽く走り、その後は歩かせてみます。運動量に応じて、呼吸のパターンも変わります。

子ども向けの歌、童謡

物語よりも歌や童謡の方がおぼえやすいことに子どもは気づきます。パターンやリズムがあるおかげで、ふつうならおぼえにくい、込み入った文や言葉もおぼえやすくなります。リズムによって、語を構成する音が聞きとりやすくなるので、読みが苦手な場合にも、それを乗り越えるのに役立ちます。

大人にできることと子どもがすること

- 歌や童謡を子どもに教えましょう。もし大人がうまく歌えなければ、テープを利用してもいいでしょう。
- 子どもが眠そうなときに、子守歌をうたいましょう。楽しそうなときには歌遊びをしましょう。
- 一緒に音楽を聞きましょう。また、静かさを味わったり、鳥のさえずりに耳をかたむけてください。

音楽つきのお話

この遊びには2通りのやり方があります。一つは、お話の一部として音楽を用いることです。音楽をある役柄の代わりに使ったり、ある役柄が登場するのを告げるのに使います。特別な節をファンファーレのように使い、ヒーローが登場するときや危険が迫っているときに、そのつど鳴らします。たとえば、オオカミがおばあさんを食べてしまう場面の前に鳴らします。

もう一つのやり方は、お話がとてもにぎやかになる方法です。めいめいの子どもに、歌う曲や鳴らす音をそれぞれ分担します。お話の役柄を子どもに割り当て、その役柄が登場するごとに、歌い、鳴らしはじめます。たいへんなお祭り騒ぎになるかもしれません。

大人にできることと子どもがすること

- 振りつきの歌なら、子どもも歌詞を楽曲に合わせやすくなります。次の音が何か、幼児でもわかりやすいでしょう。
- 音楽の楽しさや、音楽を人と共有できることを子どもに伝えるには、一緒に歌うことがいちばんです。

空きビンで鳴らすシンフォニー

グラスや空きビンを5、6個用意します。水の量を変えて、空に近いものから満杯に近いものまで､それぞれに入れます。木のスプーンか絵筆の柄などでグラスを軽くたたき、音の出し方を子どもに教えます。

大人にできることと子どもがすること

- 水の量を調整し、音を変えてみましょう。
- ビンの形によってどのように音が変わるか、実験してみましょう。
- 水を足したり減らしたりを子ども自身が行ない、「調律」をしてみてください。

Let the children dance

子どもと踊ろう！

幼児の誰もが、音に合わせて歌えるとはかぎりません。中には、ひどく調子はずれに歌う子もいます。けれども、音楽にのって動き、表現をすることなら、ほとんどの子どもが楽しめます。

子どもが学べること

- 身体を使って音楽を味わい、自分なりの表現をするようになります。
- 音楽のさまざまな種類について考えてみます。
- 高さや長さがさまざまに変わる音によって、音楽が構成されていることを知ります。
- 集中してよく聞き、細かいところまで意識するようになります。
- 拍子を感じとるようになります。これは音楽を楽しむうちにできることです。
- 拍子に合わせて、息つぎし、身体を動かすようになります。

コミカルなステップと優雅でなめらかな動き

跳ねるウサギ、滑るように動く白鳥、鳥にしのび寄るネコ――こういった動きを、お子さんはまねできるでしょうか？　空へ舞いあがるような調子のメロディに合わせて、腕を広げ、飛ぶように動けるでしょうか？　触発してくれる音楽の探し方がわからないときは、映画のサウンドトラックがよい手がかりになります。身体を動かすことは、幼児が初めて自分を表現する手段の一つです。子どもはそれを言葉と結びつけますが、大人がうまく後押しすれば音楽とも結びつくでしょう。

大人にできることと子どもがすること

- 振りつきの歌や童謡のヒントを本で探してください。知っている歌には大人が振りつけをしてみましょう。
- バレエ音楽は、まさしく踊りの伴奏として、そして踊りに着想をあたえる音楽として書かれたものです。専門的な解釈などはなくても、曲のどこで踊りが変わるかは感じとれます。子どもの好きなように躍らせてみましょう。

上下に動く

音に高低があることをお子さんは理解していますか？　高低を聞き分けられますか？　短い音や長くのばされる音についてはどうでしょう？　簡単なゲームによって、音への理解を助けることができます。

大人にできることと子どもがすること

- 家または屋外の階段の下に立ちます。2つの音を、順に鳴らすか、歌うかします。音が高くなるときは、階段をのぼります。低くなるときは、階段をおります。ごくわかりやすい音から始める必要があるでしょう。初めのうちは、大人も一緒に上り下りしましょう。
- 両手を合わせて立ちます。音がのばされるのにしたがって、手をゆっくり開きます。音が長くなるほど、両手の開きも広くしていきます。

疲れはてるまで踊る

子どもにも、知的な力を強いることをするほどの注意力も気力も残っていないようなときがあります。ねむる前の1、2時間または数時間がそのときです。お風呂にはまだ早すぎるかもしれず、お話を聞かせても落ちつかないかもしれません。こんなときにぴったりなのは、音楽をかけ、ねむる前に踊ることです。

大人にできることと子どもがすること

- もし踊りたがらなければ、好きなように走りまわらせます。
- 大人も一緒に踊りましょう。
- 大人の足に子どもの足をのせ、一緒に踊るのはどうでしょう。
- 列になって踊るラインダンスをまねてみます。子どもを抱いてタンゴを踊っては。

リズムにのる

中には、生まれつきリズム感覚がいい子どもがいます。耳にした拍子に合わせて、ごく自然に動けるのです。その一方で、音楽のリズムに合わせて動くのをとても難しく感じる子どももいます。

大人にできることと子どもがすること

- 子どもをひざにのせ、音楽に合わせて一緒に身体をゆらしましょう。
- 音楽に合わせて、一緒に手拍子をしましょう。
- 音楽に合わせて、子どもの肩を軽くたたいてみましょう。
- 子どもを腕に抱き、音楽に合わせて弾ませてみては。
- 子どもにドラム（太鼓）のスティック（または木のスプーン）を渡し、ソファのひじ掛けをたたいて「演奏」してみるのもいいでしょう。

おしまいの音楽

これは、私が日本の幼稚園で調査をしていたときに知った、効果的な方法です。片づけの時間になると、その園では専用の音楽を流していました。音楽がかかると、子どもはみな急いで片づけを始め、音楽が終わるまでにすべて棚にしまい終えるのです。

大人にできることと子どもがすること

- 作業を終えて片づける時間がきたことを知らせるための、専用の音楽を選びます。「5分で片づけて」と言うのでなく、5分間の音楽がかかることを子どもに伝えるのです。
- ねかす前にかける、子どもの気分をやすらげる曲や歌、または落ちつかせる前に踊るための曲を選びましょう。
- どの場合も、曲を子どもと一緒に選ぶのがいいでしょう。

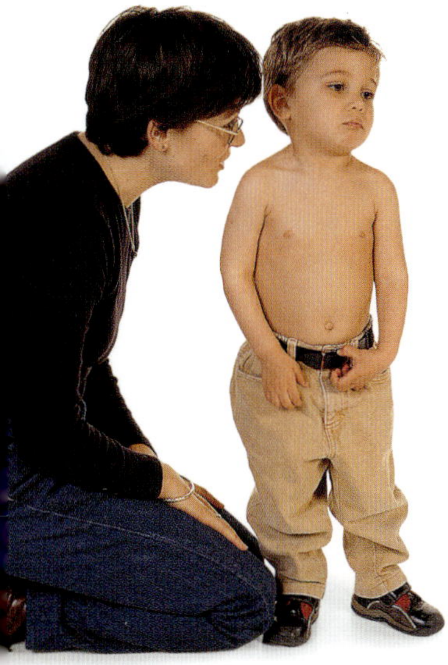

第5章

言葉と数

chapter 5　Words and Numbers

Thinking creatively

創造的に考えるとは

子どもが発する問いかけには、子どもがその解決に取り組んでいたことが表われています。子どもが創造的になるのは、問題を解くことによるのではありません。問うべき問題があることを知ることが、そうさせるのです

子どもを集中させること

子どもが幼いほど、集中するのは難しいものです。大人の場合、気が散りだしたら、しばらく他のことに考えを向けるなどして思考を少し「停車」させて対処できますが、6歳未満の子どもはそのようなことはできません。一瞬、あるいは少しの間気をそらしただけで、それまで考えていたことを忘れてしまいます。幼いほど、こうしたことが起こりやすいのです。そのため、創造的に考えるには、気を散らさずに考え続けられる時間を持つことが子どもには必要です。テレビやラジオを消し、余計なおもちゃを片づけて、毎日時間をとり、一つのことにしっかり集中できるようにしてください。

じっくり腰を落ちつけて

子どもは自分の「作業」をするのに、静かな場所を好みます。そして親が近くにいることが確認できる間は、楽しく遊んでいるでしょう。親の行方が心配になると、子どもは気持ちを乱します。親は子どもから姿が見えるようにし、部屋を離れるときはそう伝えましょう。

散らかしたり服を汚すことを気にしなければならないとなると、子どもは落ちついて取り組めません。大人があらかじめ準備し、汚れにそなえて、好きなように散らかしてかまわない時間を毎日とりましょう。家具や服を汚さずにすむよう、ビニールシートやエプロンを利用してください。

幼児は記憶するゲームが大好きです。子どもはまだ気づいていませんが、生活の根底を支えるスキルがこうして育っていきます。

記憶を助ける

大人の場合、経験したことを言葉で表現し、言葉を記憶の手がかりにします。子どもがこのようなことを自発的にすることはありません。記憶を取り出す手がかりとして、子どもは音や光景、においなどを必要とします。犬が池に飛び込んだことについて親が口にしないかぎりは、子どもがそのことを思い出すのは現場の公園へふたたび出かけたときでしょう。

その日起こったことを家でふりかえって話題にすることで、子どもは、今とは別の場所で起きたことについて思い返すことを学びます。

ジョークを理解する

子どもは、なぜおもしろいのかまだ理解しないうちに、冗談を口にしはじめます。冗談のおかしさがわかるには、その文字通りの意味と、念頭にあるたわいない意味とを同時につかんだり、あることを聞いている間に別の意味を見越す必要があります。これは、直線的にしか考えられない幼児にはできないことです。４歳児は、お気に入りのジョークと少し違うものを求められると、なんらおもしろくないことを口にするでしょう。７歳になるまでには、子どもは二つの考えをいっしょに持てるようになり、おもしろさの理由がわかるようになります。

大人にできることと子どもがすること

- 科学の入門書や対話型のゲームなど、ツールとしてうまく使えそうなものを用意してください。また、会話や説明をいろいろとすること、実験する機会を作ることなどを心がけましょう。
- どう説明できるか考えてみること（間違いであるとしても）を、子どもにすすめてください。
- 記憶力をフルに使ったり、注意力や集中力を必要とするゲームに挑みましょう。
- 子どもの賢さを大人も楽しみましょう。子どものことを誇りに思っていることを伝えましょう。ただし、賢いという理由だけで愛されている、と思わせてはいけません。
- 新しいことを押しつけるのではなく、子どもが自然と誘いこまれるようにします。生涯を通じて学び続ける人は、それが喜びだからそうしていることを、忘れないでください。

気を散らすものをしまい、テレビやラジオも消して、課題に集中できるようにしましょう。

◎発達段階の目安

2歳〜3歳

一度に一つのことだけを考える。目で見たことを信じる（他の感覚による知覚とくい違う場合でも）。気が散りやすく、すぐに忘れる。

3歳〜4歳

冗談を聞いて笑う。自分で冗談を言うこともあるが、なぜおもしろいのかはわからない。集中できる時間が長くなるので、ゲームを一度はなれて問いかけに答え、またゲームに戻る、ということもできる。

4歳〜5歳

自分の思考や感情は、他の人の思考や感情と別であることを理解する。何かが起きたときにその場にいなかった人には、そのことを説明する必要があることがわかる。ある考えを保持しながら、他のことも考えられるようになるが、あまりうまくはできない。

5歳〜7歳

簡単な論理をたどれるようになる。他者の観点からの見方ができる。冗談を理解しはじめる。

才能を見つけるために

★よちよち歩きのころから、自分から楽しむことが好きでしたか？

★物がどう合わさっているかなどを、いつも自分で探ろうとしていましたか？　手助けを求める前は、自分では何をしていましたか？

★同年齢の他の子どもと比べて、人づきあいが上手ですか？　他の人の行動が意識に入っていますか？　ごっこ遊びでストーリーを語っていますか？

★生後10か月よりも前に、言葉や動作を使って表現をしていましたか？　かなり早くから言語力が発達していましたか？

★同年齢の他の子どもと比べて集中力がありますか？

★静かにじっくりと観察をしますか？　たとえば、花にやってきた昆虫や窓ガラスをつたう水滴などを注意して見ていますか？

★いつもさまざまな質問をしますか？

★どのように説明できるかを自分から探っていますか？　4歳までに、なにかの仕組みについて思うところを述べていますか？　説明に徐々に複雑さが出てきていますか？　たとえ間違っているとしても、説明がたくみにできていますか？

★大人が何かを教えたり話すとき、興味を持って見入り、耳を傾けますか？

5、6歳になるまでに、子どもはゲームやパズルの最中に基本的な関連をとらえはじめます。

Questions and answers

質問することと答えること

幼い子どもはごくふつうにさまざまな質問をし、ものの仕組みを知ろうとします。子どもは生まれながらに学ぶ意欲を持っています。そして徐々に能力を獲得し、よく注意してものごとを考えぬき、答えをみちびくようになっていくのです。

子どもが学べること

- もともとある好奇心や創造力を、子ども時代以降も持ちつづけられます。予期しないことに目を向け、耳を傾けるようになります。
- まずは「できる」と考えます。「できない」とするのは、すべてやりつくして駄目なときだけです。
- 自分で考えて、答えをみちびくことの楽しさを知るようになります。
- 意見を述べ、人に聞いてもらいます。自分で説明することに心地よさを感じます。
- 自分がしていることに専念します。これは楽しむための鍵です。
- 言葉に表わすことで、記憶を「固定」できるようになります。

あれこれと考える

幼い子どもはもともと好奇心が旺盛で、考えることを好むものです。こうした好奇心を持続するにはいくつかのことが必要です。刺激になるものがあること、考えを言い表わすよう後押しされること、そしてじっくり考える時間を持つことです。子どもの頭の中は図書館にたとえることができます。まずすべきことは、本の購入です（なにかを経験する）。次に、本をどこへ分類するかを決めます（そのできごとをよく考える）。それから、整理して参照しやすくします（できごとを他の似た経験と比較する）。子どもといっしょに何かをするときには、このことを念頭におきましょう。なにかを行なうことはそれ自体大切ですが、そのことを話したり、見つけた宝物を整理して保存することなどにも大きな価値があります。

大人にできることと子どもがすること

- 情報を集めるきっかけを作ってください。たとえば、庭で昆虫やカタツムリをつかまえるといったことです。
- 集めたものについて考えるよう、子どもにすすめましょう。たとえば、本で昆虫の図を見て名前を調べたり、カタツムリの動き方を話題にします。
- 学んだことが他ではどう言えるか、意見をかわします。たとえば、チョウやハチにあって、自分にないものはなんでしょう？（羽や多数の脚）　カタツムリのように、家を持ち運んでいる生き物は、他にいないでしょうか？
- 日頃の生活を楽しくします。ただおもちゃで棚を埋めるよりも、なにかを実践し、会話し、出かけ、そして親と子どもが寄り添うことの方がずっと大切です。
- 大人自身がよい手本を示すこと。外に出てよく見、聞き、探検し、関心を広く持ちましょう。

もしこんなに小さかったら

ものが互いにどう異なるかをじっくり考えさせてみて、子どもの想像力を働かせましょう。たとえば、次のように言ってみます。「もしも君がこのピンみたいに小さかったら、マッチ箱に住んで、バラの花びらをシーツにするだろうな。スープ皿へ行けば、そこで泳げるし、パン粉が５粒あれば朝ご飯になるね」。

そして、子どもに、もしそんなに小さかったらどうなるかを聞いてみるのです。

大人にできることと子どもがすること

- なごやかに議論がすすむように答えを返してください。「アイスクリームは好きじゃない」「好きでしょ。食べるのを見ていたよ」など、軽い調子で楽しく話します。大人がたわいないことを言って、子どもが言い負かせるようにしてみましょう。
- あることがどうして起きたのか、子どもに問いかけてみます。子どもの説明がたとえ間違っているとしても尊重し、子どもの自尊心を守りましょう。自分を愚かと思ってしまうと、賢くなるのをあきらめてしまいます。
- よく見通せる考えかたを大人が示し、なぜそれでよいと思うかを子どもに説明してみてください。説明は単純にし、子どもが理解しているか確かめます。
- 知力を活気づけるには、活発な会話が必要です。子どもと会話をして、次に続くことやもうすぐ起こりそうなこと、明日するつもりのことなどを聞いてみましょう。

よく聞き、学ぶ

どこにいても、まわりの世界への子どもの関心をかきたてましょう。それには、子どもが五感のすべてを使うよう、働きかけることです。夜にいっしょに庭に出て、耳をすませる。ねぐらにやってくる鳥を観察し、鳴き声を聞く。波の音、電車の音、夏の日の静かなせせらぎの音に耳をかたむけましょう。

大人にできることと子どもがすること

- ふだん見逃してしまうものに注意を向けさせましょう。家から店に行くまでの間で、赤い花が何輪見られますか？　緑色の車、あるいは黒猫ではどうでしょう？　子どもがまだ数えられない場合は、大人がかわりに数えます。この遊びで大切なのは「見る」ことです。
- 子どもを見つめて話しかけましょう。小さな子は相手の顔が目に入ると、注意を向けやすくなります。

お店までの道

家から商店街まで、あるいはその他の道順を示す写真を数枚とります。スクラップ帳に貼るか、細長くした紙に並べて壁に貼ります。上には「お店まで」と書き、下には写真をとった場所について短く書きます。子どもといっしょに写真を順番にながめ、何が写っているかを話し合います。店までの道で目に入るものを、子どもが思い出すように導きます。大人は意識しないことでも思ったことを言語化してまとめるので、記憶にとどめたり、経験したことを話すのは容易ですが、小さな子の場合は主として像としての記憶に頼っているので、そうしたことは難しいものです。いつも出かける場所や、いつも聞き、読むお話や本が子どもにはもっとも覚えやすいでしょう。

大人にできることと子どもがすること

- その日のできごとについて子どもと話題にしてみます。写真を利用して、特別な状況を思い出しやすくしましょう。
- 休暇で出かけるときなどに、子どものお気に入りのおもちゃなど、なじみの物を持っていきます。家での安心感を思い出させるのに役立ちます。
- なくした物を探してくれるよう、子どもに頼んでみてはどうでしょう。

That's funny!

もっとおもしろいことを

何かを学ぶにあたっては、一つの基本原則があります。学ぶことが心地よければまた学びたくなり、嫌な気がすればなるべく避けてしまう、ということです。楽しく学べれば、子どもはいっそう自分の賢さを感じます。笑いがあることが学習意欲を高め、自信をつけるのに役立つのはそのためです。

子どもが学べること

- 自分のしたことや言ったことで大人を笑わせるのを見て、認められたことを知ります。
- 楽しい気分でいることが、まじめに学ぶことと結びつくのを知ります。
- 兄弟・姉妹や友だちと遊びを楽しむようになります。
  人づきあいを広げていく一歩を踏みだすのです。
- 論理的に考える基礎が学べます。
- 二つのことをいっしょに考える練習になります。

● 言葉や絵で表わす

家から幼稚園までの道を、子どもにもおぼえやすくするには、途中のおもしろい目印を見つけておくことです。たとえば、「やあ！の橋」（そこを通るときに大声であいさつする）、ほえる犬の家、すてきな服の店、などです。自分で周辺の地図を作るのはまだ無理でも、次にあるのは何か当てることは幼児にもできます。

大人にできることと子どもがすること

- 学習する際の場面設定が味気ないなら、ユーモアを少々働かせると、ずっと生き生きしてきます。ふつうのネコを数えるのも、帽子の中のネコを数えるのも、数えることには変わりませんが、帽子の中のネコとしたほうがずっとおもしろくなります。
- ユーモアあるイメージを考え出すことで、日常のことをおぼえるのが子どもにも易しくなるのです。たとえば、右手は「いつもあなたが自分の鼻を指すのに使うもの」、ヘビのように見えるのは文字のS、という具合です。
- おもしろいイメージをつなぎあわせて、その子のためだけの、特別なお話を作ることもいいでしょう。お話は書きとめておきましょう。子どもは自分だけのお話を持つことを喜びますが、おもしろい話ならなおさらです。

行儀が悪い！

ドールハウスにトイレがあれば、きっと中の人形は必要以上に「おしっこ（wee）」に行くことになります。子どもはふざけて「うんち（poo）」にするかもしれません。いかにもおもしろそうにそう言うでしょう。子どもは、許されることと嫌がられることとがわかりつつも、無礼なことや下品なこと、ひどく気味悪いものもおおいに楽しみます。きれいな言葉の韻を子どもに教えて、言語の繊細なひびきに触れさせることは可能なのですが、どちらかというと子どもがおぼえがちなのは、友だちから教わるような、下品な語の韻であることが多いでしょう。悪い言葉の口調が音韻上言いやすいので、子どもは簡単におぼえるのです。

大人にできることと子どもがすること

- 段ボールのドールハウスでも、トイレの場所がどこかに必要です。ソルト・ドウ（116頁参照）でトイレを作るのもおもしろいでしょう。
- 大人もドキドキしてください！　自分の行儀の悪いジョークに大人が驚いていると思えなければ、子どもにとっておもしろくありません。
- きかんぼうの動物や人間が出てくる物語を聞かせましょう。

冗談を聞かせて

笑うことで気分がよくなり、気分がよければ学習もはかどります。冗談がわかるためには、問いに対しあるべき答えを予想して、冗談で言われる答えとのギャップをみる必要があります。これは知的で洗練されたプロセスです。子どもが冗談を言ったとしても、初めは理解していないでしょう。冗談をいろいろと言い続けるにつれて、だんだんおもしろさを理解するようになります。

笑いがあるときは、課題も学びやすいはずです。他の子どもたちも笑ってくれれば、学びのスキルを高めることは子どもにとってさらに楽しくなります。

大人にできることと子どもがすること

- わかりやすい冗談を子どもに言ってみてください。だじゃれや言葉遊びにもとづくものは、子どもにはもっともわかりやすい冗談です。たとえば「鋤《すき》が頭にある人をなんて呼ぶ?」「ダグ。[掘ったと同音の男性名]」などです。
- おもしろいかどうかに係わらず、子どもの冗談には笑って反応し、もっと言いたくなるようにしましょう。
- 日常の中のおもしろいことで子どもを笑わせ、ユーモアのセンスをみがくのを助けましょう。

Numbers, science and nature

数字・科学・自然

幼児はたいてい、科学が得意な人の持つ基本的技能をそなえています。子どもはよく観察し、好奇心旺盛で、できごとの理由を知りたがるからです。それでも、子どもはまだ、本当に科学を実践しているとは言えません。およそ7歳になるまでは、子どもは論理的に考えること、つまり科学的な見方の土台となることができません。

論理的に考える

みなさんの家でも幼児は、事実をくまなく考察したりしないで、一気に結論に飛んでいくでしょう。これは単にできないからではありません。幼児にもできる場合がありますが、確実にそうする、ということはありません。7歳以前では大人と違って、事柄を分類したり情報を再構成することが自然にはできません。そのため、おぼえるべきことを幼児が頭に入れるときに、処理しやすいようにまとめることはまずありません。

これは、きちんと分類した整理棚でなくて、散らかった部屋で何かを探そうとするようなものです。考えが整頓されていないと、他のことを考えているときに忘れないでいるのが難しくなります。後で思い出すのも難しいのです。

事物をどう結びつけるか

2歳児は1回ごとに二つのものを比較しながら事物を整理していきます。たとえば物を組み合わせるとき、赤い靴に緑の靴を持ってきますが、これは両方ともに靴だからです。次に、両方が緑なので緑のしま模様のセーターを持ってきます。そしてドレスを持ってきますが、これはしま模様だからです。

3歳までには、子どもはある一つの属性、たとえば色などから、物を分類するようになるでしょう。けれども大きさと色など、二つの属性を用いることはないでしょう。子どものこうした「1次元的な」分類法には融通はきかないので、状況によって変わることはありません。たとえば5歳児は、細長いコップのほうが低く幅広のコップよりもたくさん水が入っていると言うでしょう（水を一方から他方のコップに移すのを、実際に見ていたとしても）。1次元的な分類では、高いことが大きいことを意味し、コップの幅については子どもは考えに入れません。実際に同じ水がコップに入ったということも考えないのです。

幼児の分類

幼児は、1より大きいすべての数を、共通点のある物の集まりに対してだけ使います。だから、すべてがバスであったり、花である必要があります。数とは「ある正確な大きさの集合に対して使うもの」と子どもが理解するのは、集合とは本来何かがわかってからです。これは幼児にとって、大人が想像するよりずっと難しいことです。

組みあわせと分類

まずは暗記して数をおぼえる子どもは多いでしょう。ただし子どもが、1、2、3、4、5…の意味をそれぞれ理解するには、それぞれの数をその正確な量と結びつける必要があります。

1対1で組み合わせたり、分類する力は、算数を理解するおおもとになります。1対1で組み合わせることは、二つのものを1組にまとめるプロセスです。こうしてカップとソーサー、人とそれぞれ着ている服、家とそこに住んでいる人とを組み合わせます。分類は、物をそれぞれグループに分け入れる作業です。リンゴの集まり、ナシの集まり、あるいは2の集まり、4の集まり、というようなグループ分けを行なうのです。

大人にできることと子どもがすること

- 子どもが説明しているときは、よく聞くようにしましょう。
- 子どもに何かをたずねられたら、注意をはらってわかりやすく説明しましょう。
- 物語以外の、事実をあつかう本も子どもに読み聞かせましょう。
- 注意深くまわりに目を向けるよう、子どもにすすめましょう。
- 組み合わせやグループ分けをしてみるよう、すすめてみてください。
- まず小さな数を理解することに的をしぼって、子どもを手助けしましょう。たとえば、それぞれの手を1とすると、両手は2になります。自分を1、お母さんを1、お父さんを1とすると、みんなで3になります。

◎発達段階の目安

2歳～3歳

事物を一つの特徴から分類するが、簡単に整理することはできない。数を言える子どもも多いが、順番がごちゃまぜになることが多い（とくに10以上の数）。数の意味は理解していない。

3歳～4歳

個数が3以下なら、一つの集まりにいくつあるかが見てわかる。これは、数を抽象的に捉えることはできない、ということでもある。ただし、指でさして数えていくことはできる。事柄について説明を求め、ときには自分の見方を話すこともある。図説の本を見たり、何かを観察して楽しむ。ボードゲームを楽しむが、ゲームで作戦を立てることはない。

4歳～5歳

物を分類したり、組み合わせる（洗濯ものを白ものと色ものに分けたり、ナイフとフォークをセットにしてテーブルに並べる）。小さな数の意味を理解しはじめる。たとえば、3は2より多いが、4より少ないなど。自分の考えや感情すべてを、親やまわりの大人が共有するわけではないことを理解する。

6歳～7歳

簡単な足し算ができる。物を大きさ順に並べられる。ゲームで簡単な作戦を使い始める。

才能を見つけるために

★赤ちゃんのときから、じっと聞き、よく見ることをしていましたか？　今でもそうしていますか？

★事柄を説明しようとすることが多いですか？（たとえ説明に間違いがあっても）

★説明の中に、単純であってもそれなりの論理が見られますか？　年齢とともに論理に複雑さが出てきていますか？

★ものごとが起きた理由に特に関心を見せますか？

★人形（男児用のおもちゃも含む）で遊ぶよりも、組み立てキットを作る方を好みますか？

★自然の世界に強い関心を持っていますか？　じっくり観察したり、ものごとの起こる理由を知ろうとしますか？　３歳になる前にこうした傾向を見せていましたか？

★花の名前や、車の車種、犬の種類などをいろいろとおぼえることができますか？

★物語と同じくらい、またはそれ以上に、事実をあつかう本を好みますか？

★「赤い」「大きい」のような種類分けをする言葉を、同年齢の子どもよりもひんぱんに用いますか？（第２章を参照）

★考えに没頭することがよくありますか？　おしゃべりよりも実際に何かをする方を好みますか？

数え、種類分けし、組み合わせることを通じて、よちよち歩きの子が頭の中を整理できるように手助けしましょう。

Understanding numbers

数を理解するには

幼児が数を口にしたとしても、それがそのまま、数の意味を理解していることを指すわけではありません。子どもに必要なのは、４匹の犬と４台の車に共通すること、そして４は３や５とどう違うかを知ることです。そのためには、物を分類し、１対１で組み合わせ、簡単な足し算を知る必要があります。こうして子どもは数を正しく知るようになるのです。

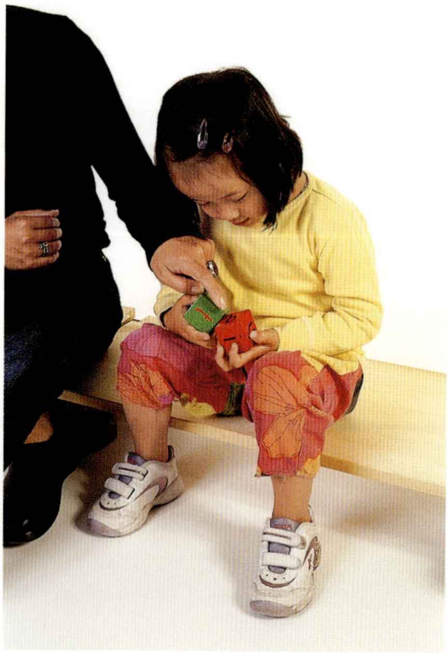

子どもが学べること

- ◆ 種類分けの原則を知るようになります。これは、種類ごとにアイテムを数える基礎になります。
- ◆ 一つの特徴をもとに、アイテムを整理できることを知るようになります。
- ◆「2」や「3」という言葉が特定の量を指すことを知るようになります。
- ◆ 組み合わせたり、分類することを学びます。これらは初歩の算数を理解する基礎となる作業です。
- ◆ 数えるとは原則的に、もとの数に1ずつ加えていくことだと知るようになります。

ソックスを分ける

たんすの中の色の派手めなソックスをすべて集めて、箱にまとめて入れます。子どもへの課題は単純です。ソックスをすべて1組みずつにまとめるのです。

大人にできることと子どもがすること

- 買った物をしまうのを子どもに手伝ってもらいましょう。これは種類分けの練習になります。たとえば、缶詰めはビスケットとは別の戸棚にしまう、などの作業をするわけです。
- 似た作業としては、おもちゃをしまうこと（パズルと人形を別々の棚に入れるなど）や、服をしまうこと（パンツとセーターを別々の引き出しに）があります。
- 積み木を赤と緑の物とに、または大小で分けさせてみてもいいでしょう。

ちいさなロバ「ジェイミー」

物を大きさ順に並べるには、次のことが必要です。それぞれを他と比較すること、比較するときに大きさをもとにすること、そして順番に並べることです。これは難しいので、何度も練習する必要があります。役立つ方法の一つは、子どもがよく知っている「ひと続きのもの」を例にすることで、その一例が自分の家族です。大きなお父さん、小さな女の子ジョージア、まだ赤ちゃんの弟ジェイミーがいます。そしてお父さんは大きなケーキを、ジョージアは小さなケーキを、ジェイミーはもっと小さなケーキを手にします。また、大きなお父さんロバと、小さな「ジョージア」ロバと、もっと小さな赤ちゃんロバ「ジェイミー」がいます——というように例をあげます。

大人にできることと子どもがすること

- 幼児にすぐ目につくのは両極端なもの、つまりいちばん大きいものといちばん小さいものです。最初は、大小だけに注意を向け、中間については忘れてかまいません。そのあと、「とても大きい」「とても小さい」「その間」という見方を取り入れます。
- 大きすぎるもの、小さすぎるもの、ちょうどよいものについて、子どもと話をしましょう。イギリスの絵本ではたとえば、『ゴールディロックスと3匹のくま』（Goldilocks and the Three Bears）にそうした内容があります。
- アヒルや車などが大きさ順に並ぶような絵の、簡単なパズルを探しましょう。

片手に一つずつ

「2」という数量の意味を理解するために、幼児がよく知っているものを手がかりに、アイテムを1対1で対にする必要があります。たとえば、2の概念には、自分の手を手がかりにするのがもっとも簡単です。それぞれの手に一つずつで、2になります。「3」を理解するには、次のように言うのがわかりやすいでしょう。「わたしに一つ、あなたに一つ、テディに一つ」。

大人にできることと子どもがすること

- 機会を見つけては、1対1の組み合わせを作りましょう。こちらの足にソックスを一つ、あちらの足にもソックスを一つ。これで、足が一つ—二つ、ソックスが一つ—二つになります。
- 食卓を準備するとき、組みあわせと種類分けをします。1人ずつに、ナイフ・フォーク・スプーンを一つずつ用意します。
- お菓子一つをお母さんに、一つをお父さんに、一つをフランキーに。これで、お菓子が1、2、3です。
- 初めは、1、2、3、4だけを取り上げます。幼児の場合、これらの数の意味を理解するには、その数量を一目で一度に捉える必要があります。これができるのは3か4までです。「数えるには、特定の数量と数字を呼応させる」という原則が理解できれば、後はそれ以降の数も同じ原則で理解できるようになります。

ボードゲーム

幼児向けのボードゲームにはさまざまな種類があります。1対1で組み合わせるルールによるゲームもあれば、数えることそのものにもとづくゲームもあります。サイコロをふって、数にしたがいコマをすすめるものもあります。

大人にできることと子どもがすること

- コマの進み方が一方向に限られたゲームを選びましょう。右から左に進んだ後、左から右に進むようなもの（渦まきやはしご形のコースなど）は、混乱をまねくことがあります。
- 目で見て記憶するタイプのゲームは、大人よりも子どものほうがずっと得意で、とてもおもしろく遊べます。
- 作戦を立ててするゲームは避けましょう。7歳未満の子どもには、コマのコースを比較検討して選ぶことはできません。

Discovering science

科学との出会い

よちよち歩きの子や就学前の子は、論理的に考えたり、説明の真偽を検討することはできませんが、それ以外は、偉大な科学者に必要なすべてをそなえています。幼い子どもたちは、よく観察し、好奇心が旺盛で、そしてなによりも、ものごとの理由を知りたがるからです。

子どもが学べること

- 注意深く観察するようになります。これは文字を読むための大切な基礎でもあります。「dock」と「clock」あるいは「bag」と「beg」のような語の形の違いは、細かなところにあります。
- 子どもがなにかに専心できるように、大人が応援してください。注意をかたむけて、始めから終わりまで対象に目を向けます。
- 小さな違いにまで注意をはらうようになります。
- 分類し、グループを作るようになります。
- 科学の「実験」をしましょう。「なぜか」を問い、考えて、問いに関して自分で調べ、発見する喜びを知ります。

自然のものを並べる

科学のどんな研究も、第一段階は、入念にむらなく観察することから始まります。幼児はむらなく調べることはできなくても、よく見ています。自然の世界を学ぶことへの興味は長く続かないかもしれませんが、自然のものを身近に並べておけば（専用のテーブルなどを用意します）、子どもはじっくり観察するでしょう。

大人にできることと子どもがすること

- やぶの中に入って古いシーツをしき、やぶを揺すると驚くほどたくさん昆虫が採れます。何匹かを葉といっしょに広口ビンに入れ、観察してみましょう。どの虫の名前を知っていますか？
- さまざまな昆虫（または花や木）の名前を子どもが知りたがるときは、図鑑を使っていっしょに名前を調べましょう。
- 見たものを日誌に記録し、子どもの関心が続くようにしましょう。
- 庭でいろいろな種類の花や葉を集めましょう。分類してカードを作り、名前を書きます。
- 窓から見えるところに、鳥の餌台を置きます。冬は鳥用のプディングを用意し（120 頁参照）、多くの鳥が集まるようにします。
- 窓の外側（または透明な合成樹脂板）に、ナメクジやカタツムリをはわせてみます。下からどのようにのぼってくるかを観察できます。
- 樹皮の表面を写しとりましょう。紙を木の幹にあて、軟らかい芯の鉛筆で紙の上をこすると、樹皮の肌理や質感が写せます。

実験をする

小さな子どもはたえず実験をしています。水を入れたボウルとカップがあれば、子どもは水を入れてみてはすぐに出すでしょう。カップを水中に沈めて水が流れこむのをじっと見たり、水につかるとなぜ袖がぬれるかを不思議がり、もう一度やってみたりします。

大人にできることと子どもがすること

- 水と砂は、子どもを実験に誘ってくれる自然の素材です。水差しなどの注げる容器や、乾いた砂を通すふるいなどを用意しましょう。湿った砂と乾いた砂の違いを子どもは体験します。スポンジや服の袖が水を吸うのに対し、カップやレインコートが水をためたり、はじくのはなぜでしょう？　なぜ水は流れおちるのでしょう？　子どもから質問が出るようにし、子どものレベルに合わせた説明をしましょう。
- さらに他の例も子どもに示しましょう。たとえば、ピンポン玉を水中で離すと、勢いよく上に上がってきます。また、おもちゃの船を水で満たすと沈みます。
- 学校の理科の内容を大人が思い出せないときは、子ども向けの理科の本を参考にしてください。簡単にできておもしろい実験がいろいろと載っています。どう説明できるかも思い出せるはず！

街路で遊ぶ

野外の生き物には関心を示さない子どももいます。そうした子どもには、車の車種や建物の作りの分類をさせてみましょう。標識やマンホールのふた、庭の門などでもいろいろ種類を探してみます。子どもの興味をひくものなら何でもよいのです。これは科学とは言えないかもしれませんが、じっくり観察するという点は共通します。

大人にできることと子どもがすること

- 歩幅で長さをはかります。道幅は何歩あるでしょうか？　家の幅はどうでしょう？　門の幅は足の大きさを基準にしてはかりましょう。
- 車のナンバープレートをチェックしましょう。3があるものはいくつ見つかるでしょうか？　ある名前のイニシャルが入ったものは見つかりますか？
- 通りの街灯を数えるのもいいでしょう。
- 水道管やケーブル、電話線がどこに通っているかを子どもに聞いてみましょう。

Creativity with language

言葉と創造力

子どもの絵は渦まきから始まって、走り書きも混ざってきます。これが字を書くことへとつながります。また、ごっこ遊びによって、子どもはしぐさや言葉をとおして自分で物語ることを始めます。このような言語の発達の現われは、積極的に伸ばす必要のあるものです。

書くことと創造力の基礎

うまく字を書くには手先の器用さが、文章にして物語るには言語力と構成力が必要です。そして、上手に語り、聞き手をひきつける話をするには創造力が欠かせません。子どもの中には将来の文筆家がいるかもしれません。といっても、創造力あふれる書き手となるまでには、道は遠く続きます。創造的な言葉に触れることなしには、子どもが自分の言葉に創造力を発揮することも難しいでしょう。この点で、子どもは親やまわりの大人の指導を待っています。また、大人が読んで書くことを積極的に楽しめば、子どももそうしたくなるでしょう。

じっくりと進む

子どもは楽しく思えることを行ない、そして実際に行なってみて学びます。書くことでも、まず大人が文字の形を書き、単語をつづってみせる必要があります。就学前では、文字や単語を正しく書くことよりも、楽しんで書き、鉛筆の使い方を身につけるほうが大切です。むりに急いだりせず、子どもの興味やスキルを見てペースを合わせましょう。

最初の試み

親は子どもが描く渦まきの中に人間を探すことがよくありますが、走り書きは見逃しがちです。でも後に書くことへとつながるのは、この走り書きです。

買い物のリストを書くときに、子どもにも紙と鉛筆を渡しましょう。子どもにも書かせてみれば、それが最初の試みになります。書いたものには何かしら文字に似たところが見つかるはずです。たとえばNならば、そのことを子どもに言って、パッケージや本にあるNを見せましょう。じっくりと進むことです。本にあるような文字を子どもがいくつか書いたら、おおいにほめます。すべてのアルファベットを書くようにと、強要してはいけません。

この3歳児と5歳児は、名前を書くずっと前に字を線描として描いています。

書き始める

無理なく励ましていけば、子どもはすぐにほとんどのアルファベットを覚え、書けるようになるでしょう。大人は字の形を正しく示すように心がけましょう。子どもの準備が整っているのが確認できたら、点をつなげると文字ができるような点を紙に書き、子どもがつないで書けるようにします。

大人にできることと子どもがすること

- よい手本を示しましょう。大人が字を書いている姿を見ないかぎり、子どもは自分からは書こうとしません。また、大人が読む姿を日頃まったく見ないときも、子どもは早くから読んだりはしないでしょう。
- 子どもの絵の中の走り書きに注目してください。子どもとそのことを話題にしてください。
- 買い物に行くとき、子どもに「買い物リスト」を書かせてみましょう。
- 子どもといっしょに読んだ物語について話しあいましょう。
- 韻や言葉のリズムがよく表われている詩や物語を読みましょう。
- 音の響きに意味が表われている言葉を使いましょう。「パタパタ動く（patter)」「うめく（roar)」「パシャッとはねる（splashr)」など。
- 「よくできる（competentr)」「夜に動く（nocturnalr)」「左右対称の（symmetricalr)」などの長い単語を教えましょう。
- 言葉遊びをしましょう。子どもは特にナンセンスなものを喜びます。

才能を見つけるために

★生後 10 か月よりも前に、言葉や動作を使って表現をしていましたか？
かなり早くから言語力が発達しましたか？（第２章を参照）

★感情表現に関して、年齢から予想されるよりずっと発達が早いですか？

★同年齢の他の子どもと比べて、ごっこ遊びの内容が凝っていませんか？

★4歳までには、おもちゃに話しかけたり、かわりになって話していますか？　意のままにできる小さな世界を作っておもちゃを取り入れ、自分で作ったストーリーを口にしますか？

★そうするよう言われなくても、自分で「書いて」いますか？

★言葉の響きが好きなために、ある言葉を使うことがありますか？

★4歳までには、ストーリーを好んで語っていますか？　年齢とともにストーリーは凝ったものになっていますか？

★自分の独自の世界に入ることが多いですか？

★お話を聞かせると夢中になりますか？

★今日したことをたずねると、どんな答え方をしますか？　事実だけを話すでしょうか？　事実から発展させ、工夫をこらして話すでしょうか？

◎発達段階の目安

2歳〜2歳半

家の中のことをまねた簡単なごっこ遊びをする（特に適切な道具があるとき）。紙からクレヨンを離さずに、円や渦まきを大きく描く。点を描いたり小さな走り書きをすることも多い。

2歳半〜3歳

物語を楽しむ。ごっこ遊びで料理をしたり人形に食事を与えるが、はっきりした話の筋はない。小さな走り書きが簡単にできる。うまく後押しされれば、「書くこと」をもっとするようになる。

3歳〜4歳

本の挿し絵は以前ほど重要でなくなる。他の子どもと、家の中のことを簡単な筋書きにして遊ぶ。ドールハウスや道の模型などの「ちいさな世界」を好きなように扱って楽しみ、その中の人物のかわりになって話す。「書く」ように働きかけられれば、走り書きにMやNなどの文字が入る形で書き始める。

4歳〜5歳

ストーリーを演じる。悲しい話に泣き、幽霊や怪物を怖がる。多くの子どもが文字をいくらか書くが、うまく書けず、向きが逆だったり大きさがまちまちなことも多い。

5歳〜6歳

想像して行なう遊びで、話や役柄が凝ったものになる。実際の話とまったくの作り話の両方を大人に話す。文字はときどき逆になる。左から右でなく、右から左へ書くこともある。

Reading and writing activities

読むことと書くこと

子どもに急いで読み方を教える必要はありません。10歳の時点で比較すると、７歳から読み始めた子どもの方が、４歳から始めた子どもよりもよく読むようになっているのです。そのかわりに、たしかな自信や信頼の気持ちを育てるようにします。これは、読むこと、そして本を好きになることへと導く力となります。

子どもが学べること

- 読み書きが、意思を伝達する楽しい手段であることを知るようになります。
- 想像を広げるための足がかりが、本にあることを知るようになります。
- 物語をいっしょに楽しむことは、互いの距離を縮め、気持ちのうえでも近づく手段となることを知るようになります。
- 書く技能の実用性を知るようになります。たとえば、自分のものに名札をつけたり、覚えておくことのリストが作れるようになります。
- 夢中になれる物語があることを知ります。

●「見る」練習

子どもはまず、絵の助けにより、絵がさす言葉はどれかを推測しながら、読む練習を始めます。それから字の形によって、正しい言葉を当てられるようになります。練習がすすめば、絵を手がかりにしなくても、文字の形

を見分けることをおぼえます。これはまた、大人が通常読むときのやり方でもあります。ただ、大人は最初に見当をつけるとき、絵でなく文脈から推測する点で異なっているだけです。知らない単語に出会ったときは、また別のやり方があります。つまり文字を発音して、単語を読みます。こうして、意味がわからなくてもその語を話すことができます。

大人にできることと子どもがすること

- 2歳にもなれば、子どもは絵を細かく見て楽しみます。キャラクターが隠し絵になっているような絵本を探しましょう。子どもにも探させてみましょう。スーパーマーケットで好きなキャラクターのシリアルを探せるでしょうか？
- アルファベットの個々の文字を子どもに探させましょう。たとえば、本や箱に書かれた字の中で自分の名前のイニシアルを探すのです。
- 単語を探させます。何度も出てくる「The」などの語がもっとも見つけやすいでしょう。
- 身のまわりの物にラベルをつけ、言葉と実物を結びつけられるようにしましょう。
- 細かいところまで見る目を養いましょう。指ぬきハント［ひとりが指ぬきなどの小さな物を部屋のどこかに隠し、他のみんなが探す遊び］などのゲームや、昆虫採集、ジグソーパズルで遊びます。また、花の名前や車の車種を覚えることを子どもにすすめてみましょう。それによって、細かな特徴までよく見ることになります。絵を組み合わせたり、記憶して遊ぶゲームもよいでしょう。
- 左から右へ読むよう、子どもを慣らしていきましょう。これを教える簡単な方法としては、単語を読みながら指でたどってみせることです。また、子どもの服を左から右へ並べるのも、この方向が自然になるので、役立つでしょう。

発音を練習する

知らない単語に出合った場合、それを読むには、文字と文字の集まりを音に置き換える必要があります。「c」や「t」や「ar」の音がわかれば、それらの組み合わせでできるさまざまな単語の音もわかります。「art」「arc」「car」「cart」などです。単語をつづるには、これとは逆の作業が必要で、特に英語では子どもにはかなり難しくなります。それなりに推測できれば意味に関してはたいていわかるものですが（とくに文脈の中なら）、つづりに関してはそうはいきません。そのため、正しく書けないという問題が後々まで残ることも少なくありません。「読めない」「書けない」という問題に取り組む専門家によると、音を細かく注意して聞くことが特に有益で、そうした練習を親が早くから意識するほど子どもの助けになるということです。

大人にできることと子どもがすること

- わらべ歌を歌ったり、詩や韻を用いた本などを声に出して読みましょう。読むのが苦手な人はたいてい、単語を構成する音を細かく聞きわけるのが苦手だからです。この問題に関する研究では、韻やリズムをとらえる練習が役立つことを挙げています。
- アイ・スパイ［目についた物のうち一つを選んで最初の1文字を言い、ほかの者はそれを当てる遊び］のようなゲームを通じて、子どもは言葉の音をよく聞くようになるでしょう。
- 子どもと話すとき、韻やそれに似た響きの言葉で遊びます。「女王のお豆《クイーンズ・ビーンズ》を幽霊トースト《ゴースト・トースト》に載せましょうか、あとのお皿《レイト・プレイト》に載せましょうか」のようなナンセンスを言って楽しみましょう。子どもはすぐに要領をおぼえて、自分でもおもしろい言い方を考えるでしょう。

書く練習をする

書くためには、ペンをうまく使う必要があります。手と目の連携を養う実践ならどれも役立ちますが、やはり鉛筆やクレヨンを使う練習が最適です。なぞったり、まねて書いたり、点をつないだり、色をつけることなどは、字を書くためのすばらしい練習になります。

大人にできることと子どもがすること

- 子どもの「書く」行為を応援しましょう。走り書きかもしれませんが、そうすることの価値を子どもが感じとります。
- 紙切れと鉛筆を子どもに渡せば、いっそう走り書きをしやすいでしょう。
- 大人も書いて、リストを作り、メモをとります。子どもは大人のすることをしたがるからです。
- 手と目の連携を養いましょう。人形に服を着せる、縫い物をする、絵を描くなど、手を細かく動かす作業はどれも有益です。

Story time

お話の時間

子どもが物語る「お話」は、最初は言葉よりも行動で表わされます。おもちゃの台所で遊び、スプーンでぬいぐるみに食事を与えるといったことです。言葉に自信がつくにつれ、お話は複雑なものになり、言葉の重要さが増すようになるでしょう。

子どもが学べること

- お話の語り方を学ぶようになります。上手になってきたら、さらにお話の要素を増やしていきましょう。
- 注意して聞き、情報を取りこむようになります。
- その日にあったことを思い返して、それを他の人にどう伝えるか考えるようになります（考えている間は自分で自分に語ることになります）。

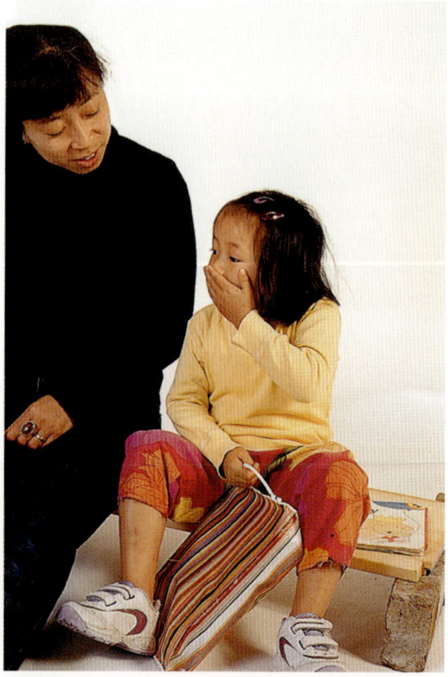

お話を語る

何年も会っていない知人について、どんな人かを言葉で表現しようとすると、おそらくその難しさに気づくでしょう。写真を見ればすぐにその人とわかりますが、できごとにしても人物にしても、何かを言葉にするのは難しいものです。言語をすっかり身につけた大人でもそうなのです。幼児の場合はさらに、ストーリーの全体を考えるにはまだ記憶の力が足りません。そのため、ストーリーの中で次にくるものを思い出させる道具が必要になります。子どもが自分の生活を題材にごっこ遊びをするとき、実物に似た道具があると次にすることを思い出しやすくなります。ごっこ遊びでは、キッチンで食事の支度をし、お料理を皿に並べます。おもちゃの農場の牛を池まで連れていき、水を飲ませます。ごっこ遊びは幼児にとって、お話を語ることに相当するのです。

大人にできることと子どもがすること

- 子どもが「ちいさな世界」を作れるおもちゃを用意しましょう。車と道路の模型や、ドールハウスなど、人形をお話にそって動かして遊べるおもちゃです。話の筋が自分でわかっていないと、お話は語れません。ごっこ遊びのおもちゃは子どもの経験に関連している必要があります。ドレスアップ用の服、おもちゃのキッチンや車など、子どもが必要とする道具を与えれば、子どもは自分を主人公にし、お話を演じやすくなります。
- 年齢とともに、物語の本やビデオ、テープ類を子どもが十分手にできるよう配慮しましょう。家庭内の模倣から、さらにごっこ遊びに広がりをもたせるのに役立ちます。
- ホテルに泊まったり外食したりなど、いつもと違う体験をしたときは、その話を再現させてみます。そのために役立つ道具を子どもがみつけられるように助けてあげてください。

お話を聞く

お話をしっかり聞くには、幼児が相手をまっすぐ見つめている必要があります。子どもがしばしば、大人に顔を向けるようせがむのはそのためです。そのため――子どもはたしかに映像を好む（おなじみのものなら特に）にも係わらず――お話を本当に観賞するには、本を読み聞かせ、お話を語ってくれる人が必要です。お話を聞くのが日常のことになって初めて、子どもはお話を愛することを学ぶのです。

子どもにお話を聞かせるときは、言葉を選んだり、話をおぼえたり、おもしろく話すなどの難しさは大人が引き受けましょう。子どもはただ耳をかたむけるだけです。子どもがお話を楽しんで聞けば、やがて子どもも自分でお話を語るようになります。読み聞かせと合わせて、そのお話について話題にしたり、子どもがお話に入っていけるよう導くことも大切です。たとえば、クモから逃げたり、きかん坊の犬には「だめだよ」と言う、といったことです。こうしたことを通じて、準備が整いしだい子どもは自分でもお話を語り始めます。

大人にできることと子どもがすること

- 今日では、お話はさまざまな形をとって子どもに届きます。本、テープ、ビデオ、テレビなどで、それぞれに利点があります。大人が忙しいとき、ビデオやお話のテープは重宝します。けれども、幼児は能動的なので、お話に対しても能動的に係わる必要があることは忘れないでください。子どもといっしょに、お話について語る時間も必要なのです。
- できるだけ多く子どもに読み聞かせましょう。
- お話の世界とやりとりしましょう。うさぎにポンポン触れたり、ネコをなでたり、驚くそぶりをしましょう。
- 子どものお気に入りのお話は何度もくりかえし聞かせましょう。そうして子どもは話にさらになじんでいくでしょう。
- 物語に出てくるものに似たものを日常生活の中で探しましょう。本の中のようなネコ、ビデオの中のような家、トラが好きなケーキに似たものなどです。物語の文脈から離れたところで思い出させると、話を自分の中で語りなおすよう子どもに働きかけることになります。

● 毎日のお話

親といっしょに会話をすることは子どもにはとてもためになります。楽しくおしゃべりし、おもしろく表現することを知っている子どもは、いつもたくさんの友だちに囲まれます。その日のこと、明日の計画、または食べ物は何が好きか…など、できるだけたくさん子どもとの話題を見つけましょう。

大人にできることと子どもがすること

- 飲み物と軽食を用意していっしょにすわり、子どもとその日のことを話してみましょう。子どもの話す力を高めるためには、楽しいおしゃべりにまさるものはありません。
- これから予定していることについて話してはどうでしょうか。
- やり終えたことについて話すのもいいでしょう。
- 家族でとった写真を見て、そのときのことについて話しませんか。
- 計画を立て、そのことについて話しませんか。
- ナンセンスな会話をしましょう。難しい言葉も使いましょう。詩を読みましょう。大人がしていることについて話しましょう。

Following instructions

両親から学ぶこと

たとえどんなに才能ある人でも、指示にしたがうことは必要です。テニスの大選手や大音楽家も、コーチをやとい、教師の指導を受けています。スポーツでも芸術表現でも、才能を豊かに伸ばすには導きが必要です。指示にしたがうという能力が求められます。

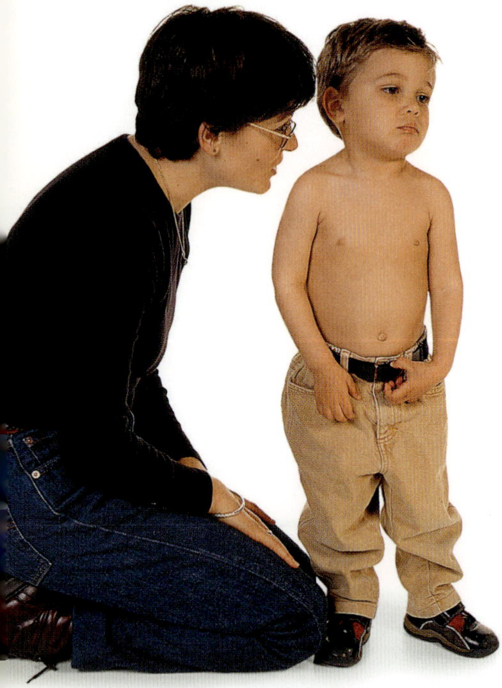

母親に寄りそって学ぶ

２世紀前には、正規の教育をうけられる子どもはまれでした。少女は母親のもとで、少年は父親のかたわらで、必要な技術を習ったのです。最初は見ることから始まり、後には簡単な課題をどうこなすかを親から教わりました。年齢とともに子どもに要求されることも増え、より難しい課題への対処を教わりました。そしてゆくゆくは親たちと並んで働きました。よく見ること、まねること、熟練者の監視のもと実地で体験すること——こうした段階をふむことは、少年少女にとっては学ぶための理想的な環境だと言えます。

就学前の幼児でもいくつかの指示には従えますが、大人がやってみせるとすっとおぼえます。

順を追って行なう

7歳未満の子どもには、指示をいったん頭に入れてから課題を実行するのは困難です。指示が目に見える形で「実演」され、段階をおってそれにしたがう方が、ずっとやりやすいものです。まずは簡単なことを少しずつさせるだけにして、子どもがいらいらしそうな作業は大人が引き受けます。そのように徐々に進み、次に子どもに自分でやらせます。やってみることなしには、うまくいくかどうか子どもにわかるはずはありません。

練習が技術を養う

習うより慣れろというように、練習が技術を作りあげます。実践的な技術は生まれつきのものではなく、育てていかなくてはなりません。子どもの才能にも日々の栄養が必要です。忘れてならないのは、親があきらかに嫌っていることを子どもがやりたがることはまずない、ということです。編み物をする人を親がちゃかすようなら、子どもは編み物はしたがらないでしょう。このことを念頭において、子どもにしてほしいと願うことすべてに関して、親が熱意を見せてください。家族みんなが好むことを子どもが行なう場合は、家族の誰かが好まないことを行なうのに比べ、さほど称賛を受けずにいても、子どもはうまくできるものです。

大人にできることと子どもがすること

- 何かを行なうにあたっては、適切なタイミングを選びましょう。もし子どもが失敗ばかりしたり落ちつかない様子なら、また別の時間に行ないましょう。
- 何かを本当に楽しむ姿を、大人が子どもに見せましょう。
- 大人がやってみて、子どもに見せましょう。よく見ることで、何をすればよいかを子どもは知ります。
- 気を散らすものは遠ざけましょう。指示にしたがうのは子どもにとって簡単ではないので、注意を最大限に向けないとできません。
- 子どもの目を見て話しかけましょう。すべきことをわかりやすく、はっきりと伝えることです。
- 課題を短く小分けし、それぞれをおぼえやすくしましょう。
- どうやって行なうかを実際に見せましょう。就学前の子どもの場合、言葉で説明されるのは、実際に見る場合より解釈するのも、おぼえるのも大変です。
- 子どものそばでいっしょに作業しましょう。
- 技術を養いましょう。手と目をうまく使うには練習が必要です。最初から一度にはできないので、くりかえして教えることです。
- 難しい部分はきちんと段階をふんで教えましょう。
- 結果だけでなく、努力についてもほめましょう。
- 正すよりも、ほめることを多くしましょう。
- 批判はどんなことであっても建設的にしましょう。
- 大人でも失敗があることを子どもに見せ、失敗は問題でないことを伝えましょう。

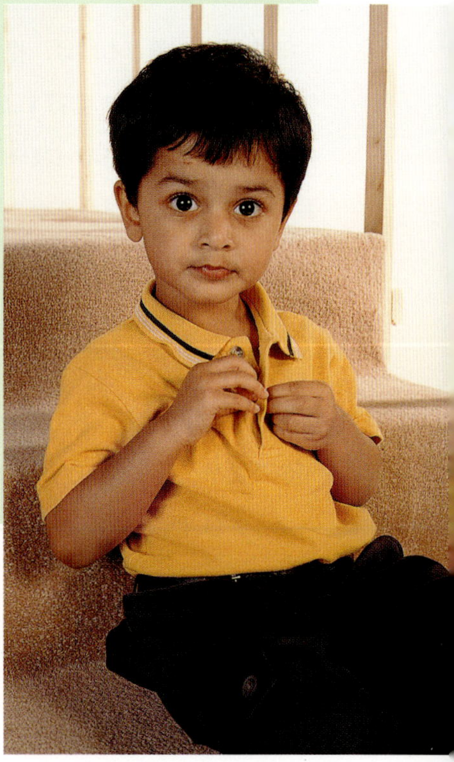

◎発達段階の目安

2歳〜3歳

手を曲げる動作がだんだんとうまくなる。積み木を重ねてのせたり、パズルのピースをはめることができる。

3歳〜4歳

指の動かし方が上達する。簡単な指示にしたがえるが、指示はくりかえす必要がある。次にすることを教え、複雑な課題は小分けする必要がある。

4歳〜5歳

先のことを計画しはじめる。結果を待つことができる（あまり先までは待てない）。より意識的になる。

5歳〜6歳

手と目の連携が発達し、以前よりも注意をはらって聞く。自分のしたことに目を向け、また他者の目を感じ始める。自己評価をしはじめ、自分にできないと思うことからは手をひくことも多い。

才能を見つけるために

★よく聞いてから、言われたことをするよう努めていますか？

★ほめられることが必要ですか、あるいは自分をほめることができますか？

★批評を受け入れることができますか？　それとも大人が正そうとすると不機嫌になりますか？

★年齢から見て、手と目の連携がうまくできていて、実技の課題を難なくこなすことができますか？（第２章を参照）

★空間をとらえるのが得意ですか？　たとえば、物がどう組み合わさるかをつかむのが得意ですか？　パズルを完成させたり、組み立てキットを上手に扱ったりしますか？

★うまくいくまでとにかくやり抜こうとする意欲がありますか？

★じっとしてきちんと聞いていますか？　集中できますか？　うまくいかなくても落ちついていますか？

Cooking and gardening

料理と園芸

料理や植木の世話の手伝いを子どもに教えましょう。指示にしたがった作業を子どもが練習するのに、とてもよい方法です。また、重さや量を捉えることにもつながり、自然の世界への関心も増すでしょう。

子どもが学べること

- 簡単な指示にしたがい、目的にあわせて作業するようになります。
- 自分のできることを誇りに思うようになり、なにかの世話をするようになります。役立つことをしたり、他の人と作業するようになります。
- 計量カップや量りを使えるようになります。
- 何週間にもわたって関心を持ち続けることができるようになります。
- 観察し、細かなことを発見できるようになります。

● ケーキ作り

　幼児にさせる場合は、どんな料理でもいいというわけにはいきません。熱い油や刃物のことを何度注意しても、子どもは忘れがちだからです。子どもが混ぜ合わせ、その後大人がオーブンで調理する料理が最適でしょう。ケーキ、シチュー、ピザ、ラザニア、お米を使った料理などがあります。

大人にできることと子どもがすること

- きちんと量り、あとは一度に混ぜ合わせるだけのケーキやティーブレッドなら、特に簡単です。子どもができるのは、量り、混ぜ、型を準備し、生地をつめる作業です。
- 基本のマフィン生地を作りましょう。子どもがそこに果物やナッツ、チョコレートを加えます。型に油をぬり、混ぜた生地をスプーンでつめる作業も楽しむでしょう。
- シチュー作りは、大人がそばでいっしょに作業します。肉や玉ねぎは大人が切ります。子どもにはやわらかめの野菜を担当させて、計量を手伝わせます。
- ピザの台は大人が作るか、市販品を用います。子どもの担当はトマトソース（調味済みのもの）とシュレッドチーズ、その他の好みのトッピングをのせる作業です。ピザの上に楽しい顔を描いてみるのもよいでしょう。

トライフル・ケーキを作る

子どもの初めての料理は簡単なものにし、作業のできるだけ多くを子ども自身でするのが望ましいでしょう。ただし言うまでもなく、幼児にひとりで刃物や熱いフライパンを触らせたり、オーブンから出し入れさせてはいけません。好みの物を重ねて作るトライフルはカスタードを作るのに加熱が必要ですが、加熱のいらない市販のカスタードを使えば、子どもがすべて担当できます。または、大人がカスタードを作り、粗熱がとれたら子どもに渡します。子どもは器に小さくしたカステラを並べ、シェリー酒やフルーツジュースをかけ、刻んだ果物をのせて、そのあとカスタードをかけます。生クリームを泡立て（固くしすぎないこと）、少しとろみが残っているくらいが子どもには扱いやすいでしょう。カスタードが固まったら、子どもが仕上げをします。スプーンで生クリームをすくってかけ、削ったチョコレートやカラフルなスプレーチョコで飾りましょう。

大人にできることと子どもがすること

- パーティー用のお菓子を作りましょう。チョコレートを溶かし、等量の生クリームと合わせます。粗熱がとれたら子どもに渡し、砕いた全粒粉ビスケットにかけます。ナッツと、細かくしたプルーン（水につけたものを切る）または栗のピューレを加えます。型につめ、冷蔵庫で固めればできあがり。
- 冷蔵庫で固めるプチケーキを作りましょう。製菓用チョコレートとバターを溶かし、混ぜ合わせます。コーンフレークまたはその他の朝食用シリアルを加えて混ぜます。スプーンですくい、紙のケーキカップに一つずつ盛ります。
- フルーツサラダ用に果物を切り分けるのも簡単です。
- 葉物のサラダを作るのはどうでしょうか。または、チーズ、キュウリ、トマトを小さく切り、ギリシア風サラダにします。
- サンドウィッチを作りましょう。
- 簡単なアイスクリームを作りましょう。砂糖と香味料（バニラ、つぶしたバナナ、インスタントコーヒーなど）を軽く泡立てたダブルクリーム［ホイップクリームより乳脂肪分の高いもの］に加えるのを子どもが担当します。トレイに流し、冷凍庫で固めます。固まり始めたら一度取り出し、凍ったところを砕いて（子どもにさせます）、また冷凍庫で固めます。

● すぐにできる園芸

たいていの幼児は、庭に自分の小さなスペースを持って栽培できるととても喜びます。子どもは結果を早く見たがるので、発芽の早い種を選びましょう。ハツカダイコンやクレソンが最適です。種をまとめて何か所かに分けて蒔けば、いつもどこかでなにかが育ちます。それでも生育が遅ければ、苗やポット植えの植物を買ってくるか、庭の他の場所の植物を子どものスペースに植え替えます。庭や露地を使えないときは、使い古しのケーキ型などでミニガーデンを作りましょう。培養土を適量入れ、集めた苔をのせて緑地にし、摘んできた小さな花を挿します。小石や貝殻を配置して小道にしたり、小さな鏡を置けば「池」もできます。びしょびしょにならないよう注意して水をやります。そのままで数日間はもちます。

大人にできることと子どもがすること

- キッチンペーパーや脱脂綿、ネル生地などを広げてぬらし、その上にクレソンの種をおけば発芽します。つねに湿った状態にしてください。
- ハツカダイコンは蒔いてから6週間ほどで食べられるまで生長します。中庭にたらいなどを置いて、そこで育てても楽しいでしょう。
- ハーブを買いましょう。ハーブは香りがよく、きれいな花をつけます。一度に葉を数枚使うだけなので、長い間楽しめます。
- コンテナやパック詰めの栽培キット[用土や肥料分を含む。苗を植えてそのまま栽培する]は、幼児向きにも最適です。ジャガイモ、ニンジン、豆、トマト、サラダ野菜などが栽培できます。

Just like you!

大人がするように

奇妙に思われるかもしれませんが、家具やキッチンの床を拭くことを子どもは熱心に取り組むものです。大人にとっても、もしもするかどうかを自由に決められるなら、実は退屈な作業ではないはずです。簡単な家の仕事は、子どもにいろいろなことを教える貴重な機会です。子どもはみんなが他の誰かのために作業をし、互いに支えあっていることを学びます。

子どもが学べること

- 家の中で家族がみな、他の人に役立つことをしているのを知ります。
- きちんと手順よく作業をすること、計画をたてることが学べます。
- おもちゃを出したら、片づけも手伝うことを学べます。
- よく協力し、人のために作業することを学べます。
- 手を動かすこと、よく考えることを学べます。大人のすることをまね、指示を聞き、注意深くしたがうようになります。
- 手先をうまく使うこと、協力して人といっしょに作業することが学べます。

キッチンの床をきれいに

仕事には始まりと途中、そして終わり、つまり結果があり、一度始めた仕事はきちんと終わらせる必要があります。子どもは就学するまでに、このことを学んでいなければなりません。これに役立つ方法として床掃除があります。どこまできれいにできたかを子どもにも見ることができるからです。掃除する床を指示し、子どもにモップを渡します。最初に大人がモップをしぼっておきましょう。

大人にできることと子どもがすること

家の仕事をやることで、子どもにはたくさんの問いがわきおこります。どうして袖がぬれるのか、ほこりはどこから来るのかなどです。答えられるようにしておきましょう！

服を洗う

洗濯物を色物とその他に分けるとき、子どもにも手伝ってもらいましょう。物を分類する練習にもなります。白いセーターを赤い洗濯物の山に入れるなどしないよう注意して見ていれば、不都合はほとんどないはずです。

大人にできることと子どもがすること

- 洗濯物を、白物、薄い色のもの、濃い色のものに分けさせます。量が多くなったものはさらに分け、分量を調整しましょう。
- 洗濯物を洗濯機から出し入れする仕事は、幼児も手伝えます。洗濯物を干すときは、洗濯ばさみを渡してもらいましょう。
- とりこんだ洗濯物の山を誰のものかによって分類させます。衣類すべてはたためなくても、靴下を対にすることは子どももできるでしょう。
- 靴下や人形の服などの小さなものを手で洗う練習をさせてみましょう。「洗う」「すすぐ」「干す」という一連の手順をきちんと行なうようにします。

● 片づけ

小さな子にとっては、片づけもまたゲームの一部です。片づけを雑用とみなすのは、もっと後になってからです。早いうちから「片づけ遊び」を始められれば、それが習慣になることも期待できます。曲をかけ、曲が終わるまでに全部片づけられるか挑戦してみましょう。

大人にできることと子どもがすること

- すべての物に「家」を、つまり戻す場所を決めておけば、片づけはもっと効率的になります。大人の片づけの仕方からも子どもは学びます。
- 積み木や組み立てキットやパズルのピースは、それぞれ箱や袋に分けてしまい、使い終わったら必ずもとに戻すようにします。
- 次に遊ぶおもちゃを出すのは、それまで遊んでいたものを片づけてからにします。散らかさずにすみ、今していることにも集中しやすくなります。

まねっこ

大人がすることを子どもは何でもまねます。まねる遊びは、指示にしたがう練習にもなります。あかんべえをしたり、ユーモラスな歩き方やけんけんをして、子どもにまねさせてみましょう。言い方をまねるゲームもしてみましょう。言われたことと同じ言葉を使って答えるゲームです。

「朝ご飯は食べた？」「朝ご飯は食べたよ」
「お菓子は好き？」「お菓子は好きだよ」
「あそこにすわってもいい？」「だめ！」
——こんな答え方をしたときは負けです。反対のことを答えるようにすると、ゲームはさらに難しくなります。

大人にできることと子どもがすること

- 「船長さんの命令」ゲーム（157 頁参照）のような、指示どおりに（ただし、まず「船長さんが言いました」と言われた場合のみ）動作をするゲームで遊ぶのもいいでしょう。
- 遊び歌を身ぶりをまじえて歌うのは、動作をまねるのにかっこうの題材になります。

Social skills

人と上手につきあうために

人とつきあうことにおいて、私たちは創造力を発揮できます。人と接することは、絵や音楽や物語、あるいは自然の世界で何かを見い出すのとまったく同じく、創造的なことなのです。小さな子どもがすぐれて創造的になれるのは、まさにこの分野だと言えます。

大きな成果

近年のイギリスの調査では、子どもの1～2割が友だちがいないと答えています。そして、そうした子どものうちのかなりが、友だちがいないまま学校を終える（生涯ずっとではないにしても）だろうとのことです。こうした現状にも係わらず、子どもが学校で得る価値あることとして、たくさんの友だちを作ることを挙げる親はほとんどいません。

競争、それとも協力？

就学前の子どもは、平均的に、それより上の年齢の子どもよりも（あるいはその子自身の数年後よりも）、ずっと協力的で手伝いもよくします。子どもは周囲の人づきあいを見て手本にします。ほとんどの人は幼児に接するときには親切に手を貸すので、子どもの方もたいてい同じようにふるまいます。子どもがいったん学校で（また遊びの場でも）競争のある世界に向きあわざるをえなくなると、たいていの場合、協力的な面が抑えられ、より競争的になります。競争社会になるほど、子どももまた協力的な面を見せにくくなります。子どもがずっと親切で協力的であるよう願うなら、大人は自分の対人関係でよい手本を示すように、終始一貫して努める必要があります。

友だちを作る

２歳未満の子どもはまだ、本当の友情をむすぶことはありません。同じ年ごろの他の子どもを見たり、隣りにすわったりするのは好きですが、いっしょに何かをすることはありません。互いにやりとりをするよりも、並行して、お互いに接点なく遊んでいます。２歳児は他の子どもからの友情に答えられますが、友情を始めることについてはまだ知りません。年上の兄弟・姉妹とは仲良くなれ、ゲームもいっしょに遊びます。

２歳から３歳にかけて、子どもは他の子との遊び方を身につけていきます。ふつうは競うゲームよりも、グループで楽しむゲームを好みます。

３歳から３歳以上になると、友だちのしていることを自分もしたがることが多くなります。ただし、５、６歳になっても、子どもは友だちについてまだ移り気です。今日はいちばん仲がよくても、ひと月後には目に入らなくなることがあります。このくらいの年齢はまた、人気のある子どもとそれほどでない子どもの違いが出るころでもあります。子どもたちは何かで遊ぶのにあたって、特定の子をはずしたり、誰が加わるか意図的に選び始めます。学校が始まると、他の子に親切にしたり協力したからといって、子どもはそうほめられません。子ども同士のつきあいにはこのことも影響しています。

幼い子どもは他の子と一緒に遊ぶときに、驚くほど協力的なことがあります。けれども子どものこうした魅力は、競争の多い学校生活で消されてしまいがちです。

大人にできることと子どもがすること

- 手伝いをよくするようふだんから教えましょう。おもちゃの片づけや洗濯物の仕分け、食卓の用意などを子どももいっしょに行ないましょう。子どもにとって手伝いが当たり前のこととなり、互いに気づかう環境の中で育っていけば、良好な対人関係をきずく土台になります。
- 家庭の中で大人自身が親切で気配りするようにし、よい手本を示しましょう。
- 競争の度合いを下げましょう。必要に応じて与えるようにし、同じように与えようとはしないことです。一人一人に合わせて与えることです。
- 互いに尊重し、気づかいあうことを子どもに期待し、そのことに価値をおきましょう。
- 子どもの人づきあいの能力を大切にしましょう。子どもの丁寧さや思いやりをほめ、親が誇らしく思っていることを伝えましょう。

才能を見つけるために

★赤ちゃんのころから人に囲まれるのが好きでしたか？　最初に絵本を見はじめたとき、もっとも好んだのは人が何人も出てくる絵本でしたか？

★幼稚園や保育園では遊ぶ内容よりも誰と遊ぶかを優先しようとしますか？

★他の子どもたちが友だちになりたがりますか？　園に行くと、他の子がよろこんで迎えますか？

★思いやりがあり、よく手伝い、親切ですか？

★愛敬のよさがあり、それが生かされていますか？　人の心を引きつけ、説得力がありますか？

★自分の希望を伝え、トラブルや無理強いなしにそれを得ることができますか？

★悲しい話を聞くと動揺しますか？　他の子がけがをしたり困っているのを見ると自分も動揺しますか？

★大人が悲しむのを見るとなぐさめますか？

◎発達段階の目安

２歳～２歳半

他の子どもといっしょに同じことをして遊ぶが、互いのやりとり（本当の意味での）はまだない。大人とやりとりしたり、年上の子どものゲームに加わって遊ぶことができ、人づきあいはできるが、自分から始められるとは思っていない。

２歳半～３歳

他の子どもが、自分もやりたいことをしていると、加わっていっしょに遊ぶことを始める。

３歳～３歳半

友だちができ始める。ただし、自分のしたいことが優先で、誰とするかは二の次であることが多い。友だち関係はつかの間のものであることも多い。誰かが近くにいることが確認できれば、ひとりでも満足して遊ぶ。

３歳半～４歳

本当の意味での友情を持ち始める。ただしまだ、一時的であることが多い。友だちを求めることにもひかれ、おもしろそうなことにもひかれる。なにかの遊び（たとえば自転車乗りなど）を大人数ですることもあるが、大人が大人数を指揮しないかぎりは、２人か３人でやりとりするゲームをするほうが多い。

４歳～５歳

特に仲のいい友だちと、それほどでもない友だちとに分かれることが多い。友だちがいないことがつらくなり始める。自分の考えや感情が、他の人とは別であることを理解する。このことが、他の子どもとのつきあいにも反映される。思いやりや共感が深まるが、また、いじわるや意図した作為も起こりやすくなる。

５歳～６歳

友情がますます重要になり、仲たがいが起きると（たえず起こりがちである）不満を感じる。友だちがいないと悲しみや孤独を感じることがますます多くなる。他の子どもが大勢いる部屋や庭でひとりで遊ぶのは難しくなる。

Let's do it together

一緒にやってみよう

子どもは生まれつき、社会的であろうとする気持ちを持っています。話すようになるずっと以前から、表情をまねたり、ほほ笑みあったり、音を出すだけの言語によらない会話をします。そして幼児はまわりの人をよく見て倣うことで、社会生活を学んでいきます。

子どもが学べること

- 分かちあいと思いやりの基本を身につけていきます。他の人のことを考え、交流を持つようになります。
- 助けを求めたり、自分からも他人を助けるようになります。他の人への共感を持ちます。
- 競わずに、いっしょに遊ぶようになります。
- 負けたときも楽しむようになります。いっしょに遊ぶことの楽しさを知ります。
- 失敗でさえも分かちあえることが学べます。

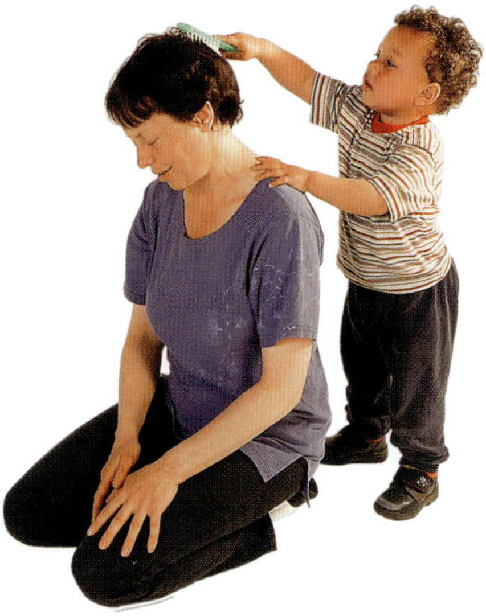

お手伝い

子どもは生まれながらに模倣する存在です。「大人がしているから」ということが、子どもにとっては、自分もやろうと思う重要なきっかけとなります。食器洗いや拭き掃除など喜んでしますし、させてあげるならトイレ掃除さえするでしょう。子どもは大人の負担を軽くしようとか、大人がはねをのばせる時間を作ろうと考えているのではありません。子どもの思いは、大人がするように自分もする、というところにあります。4歳半までには、子どもは大人の感情を配慮できるようになります。手伝いに対して子どもに感謝を示せば、その後も手伝いをよくするでしょう。子どもが親切に手助けしようとしたら、必ず「ありがとう。助かるわ」と伝えてください。

大人にできることと子どもがすること

- たとえ時間がかかるとしても、子どもを作業に参加させましょう。
- 子どもの努力をほめましょう。子どもが手伝った仕事の後で大人がやり直すのを見せてはいけません。もう少しする必要があれば、そう子どもに言って続きをさせます。もし、大人がやり直さなければならないなら、子どもがねむってからにしましょう。自分のしたことが評価されていることを、子どもが感じなければなりません。
- 子どもに手伝いを頼み、手伝いに対して感謝しましょう。
- 大人がしたことに対して感謝するよう、子どもに対しても望みましょう。
- 友だちや家族同士は互いに支えあい、お互いのために行動していることを子どもに伝えましょう。親切で協力的であれば、より多くの人が友だちになりたがることも伝えましょう。

じゃんけん

人々が互いにより協力的である社会では、結果が偶然まかせのゲームを楽しむことが多くなります。より競争的で支配と被支配の明確な社会では、競いあうゲームを好む傾向があります。じゃんけんは、もとは日本の賭けのゲームで、水兵が西洋に伝えたものです。グー・チョキ・パーで遊ぶこのゲームは、ちょっとした空き時間にもうってつけで、幼児に対してはゆっくりと行ない、年長の子どもにはスピードをあげるなどのアレンジができます。

じゃんけんは一組になって行ないます。どの子もその時々で負けたり勝ったりしますが、何度もくりかえすので勝敗は数えられなくなります。まず手をひっこめ、そしてどれかの形にします。指で切る形にするチョキ（はさみ）、平らにひろげるパー（紙）、にぎりこぶしにするグー（石）です。三つ数えたら、手を出して見せあいます。チョキはパーに勝ち（紙を切れるので）、パーはグーに勝ち（石を包めるので）、グーはチョキに勝ちます（固くて切れないので）。

大人にできることと子どもがすること

- すごろくなどのボードゲームで遊びましょう。勝ち負けはサイコロの数で決まり、上手下手はあまり問われないからです。
- 競争がそのときだけで終わるゲームを選びましょう。かごにボールを入れる遊びなどです。

伝言ゲーム

これはパーティーで昔から人気のあるゲームですが、5歳以上の子ども向きです。大人はひとりめの子どもの耳もとで伝言をささやきます。その子どもは隣りの子どもに聞いたことを伝え、同じように列の終わりまで伝言を続けます。子どもが大勢のときは、二つか三つの伝言を別々の列へ流します。伝言が途中でおかしくなるのがこのゲームのポイントで、最後の結果にはみんな笑ってしまうでしょう。

大人にできることと子どもがすること

競わないゲームで遊ぶ機会をなるべく増やしましょう。「バラの輪を作ろう」(194 頁参照) など輪になって歌う遊びのような、昔からのゲームがまず挙げられます。「包み渡し」ゲーム（190 頁参照）のようなゲームでも、すべての包みごとに小さな景品を入れれば、競争心をあまり起こさないで遊べます。

Just friends

仲良しになる練習

友情にも練習が必要です。大人が、人に親切にすることや負けたときの我慢などを教えて子どもに手を貸すこともできますが、いずれにせよ、子ども自身が友情を直接交わす経験をつまなくてはなりません。

● ペット

ペットの世話をひとりでするのは幼児には無理ですが、手伝うことはできます。年齢とともに子どもがになえる責任も大きくなります。ただし、困ったことが起きないよう、大人がきちんと見守りましょう。ペットの世話は、共感や思いやりを持つことを子どもに教えます。友だちが来たときにも会話がはずむでしょう。

大人にできることと子どもがすること

- 植物の世話から始めるのがおそらく最適でしょう。もしも枯れてしまっても、動物のときほど子どもを悲しませずにすみます。まず数週間植物の世話をすることを子どもの課題にして、ペットを飼う準備にします。
- 昆虫を採り、空きビンに葉といっしょに入れ、1日だけのペットにします。後で庭に放します。
- 金魚はやさしく飼えますが、子どもには退屈かもしれません。小鳥の世話は幼児には難しいでしょう。幼児の最初のペットにはおそらくハムスターが最適でしょう。スナネ　ズミなどの種類と異なり群れる動物ではないので、1匹で飼うのに向くという利点があります。また、ハツカネズミほどにおわず、モルモットやウサギよりもかごの掃除が少なくてすみます。

● 一緒に遊ぼう

ふたりの子どもが初めて会うとき、いっしょに遊ぶのが難しいことがあります。３歳児は自分のおもちゃを他の子に渡したがらないことが多いでしょう。友だちが来る前に、おもちゃをいっしょに使うと約束していてもです。いちばん手っとり早い対処法は、おもちゃをいっしょに使い、ルールと役割が明確な遊びをセッティングすることです。たとえば、売り買いをして遊ぶお店ごっこなどです。

大人にできることと子どもがすること

- 他の子が家に来る前に、出してもいいおもちゃと、出さないでしまっておくおもちゃを子どもに決めさせます。おもちゃは子どもが大切にしている持ち物です。大人が新車を人に貸したがらないように、子どももおもちゃを貸したくない場合があるのです。
- ゲームの役割分担を途中で交替するように、子どもにすすめます。それぞれのおもちゃを使う機会がみんなにまわるようにします。
- おもちゃ選びと道具作りに子どもたちを加わらせましょう。たとえば、魚屋の魚をいっしょにボール紙で作るのです。
- 子どもたちがもめていたら、場合によっては大人が間に入ります。いらだったり興奮しているようだったら、お絵かきなどの静かな遊びを用意する方が賢明かもしれません。

遊び歌

幼児どうしが初めて会うとき、大人が遊びのきっかけを作ることが必要かもしれません。子どもたちをいっしょに和ませるよい方法の一つに、振りつきの遊び歌があります。たとえば、

あたま、かた、ひざ、つまさき！
あたま、かた、ひざ、つまさき！
あたま、かた、ひざ、つまさき！
め、みみ、くち、はな！
あたま、かた、ひざ、つまさき！

と歌いながら、歌に合わせて身体の各箇所に触れていくのです。2回目に歌うときは、「つまさき」を抜かして歌いますが、触れるしぐさは変えません。3回目は「ひざ」も抜いて歌います。このようにくりかえして、最後にはなにも言わなくなり、触れるしぐさだけになります。

大人にできることと子どもがすること

- 遊び歌のヒントがもっとほしいときは、本やテープを探してください。幼稚園や保育園の先生にたずねてもいいでしょう。
- 知っている歌に大人が振りつけをしてみるのはどうでしょうか。

著者：**ドロシー・アイノン**（Dr Dorothy Einon）

ロンドン大学ユニバーシティ・カレッジで講師として心理学を教える。幼年期の遊びに関する本を多く著し、ベストセラーは多数。特に子どもの発達に関心を向け、ニューヨーク州精神医学研究所では遊びの持つ機能の調査を行なった。英国ケンブリッジ大学でも学習心理学を研究し、世界各国の教育センターで指導を行なってきた。フィッシャープライス社を初めとするおもちゃメーカー数社ではアドバイザーを務める。テレビおよびラジオ番組にも定期的に出演。
本書はアメリカ、カナダ、フランス、オランダ、スペイン、デンマーク、インドネシア、エストニア、ハンガリー、フィンランドなどでも好評を博している。

訳者：**廣井洋子**（ひろいようこ）

1969年生まれ。千葉大学文学部独文学科卒業。
出版社、翻訳会社勤務をへて、編集と翻訳の仕事に携わる。

First published in 2002
under the title Creative Child
by Hamlyn Octopus, part of Octopus Publishing Group Ltd
2-4 Heron Quays, Docklands, London E14 4JP

Japanese translation rights arranged with
Hamlyn, an imprint of OCTOPUS PUBLISHING GROUP LTD
through Japan UNI Agency, Inc

クリエイティブ・チャイルド　Creative Child
子どもは創造力にあふれている！　Children are naturally creative!

ドロシー・アイノン　著
廣井洋子　訳

2006 月 8 月 15 日発行

発行者／高橋栄
発行所／風濤社
〒 113-0033　東京都文京区本郷 2-3-3
Tel.03-3813-3421　Fax. 03-3813-3422
印刷／吉原印刷
製本／積信堂
デザイン／宇佐見牧子
編集／戸矢晃一

ハンガリーから世界へ

マレーク・ベロニカの絵本

ブルンミとアンニパンニ シリーズ

★クマのブルンミとやさしいアンニパンニのおはなし

■A5変判上製
定価（本体950円+税）

おやすみ、アンニパンニ！
いちごつみに出かけたら、こねこもつれて帰って来ちゃった！ 3人なかよく眠ることができるかな？

ブルンミとゆきだるま
大好きなアンニパンニと雪合戦。ずっと遊んでいたいけどおひるごはんの時間だ！ せっかくつくったゆきだるま、どうするの？

ブルンミのたんじょうび
なかよくなったブルンミとアンニパンニ。でもなんだか朝からアンニパンニの様子が変！ 何かかくしごとがあるみたい。

ブルンミのピクニック
「ねぇ アンニパンニ あの やまの てっぺんにあるのは なに？」ブルンミとアンニパンニは変わった形の岩を目指し出かけます。

ブルンミとアンニパンニ
野原をあるくブルンミは、くつ、シャツ、ぼうしをひろいます。だれのものだろう？ アンニパンニとブルンミの出会いのはじまり。

びょうきのブルンミ
「まあ、すごいねつだわ おいしゃさんをよばなくちゃ！」ピクニックへ行く朝、くしゃみのとまらないブルンミ。アンニパンニの看病で……。

ブルンミとななつのふうせん
アンニパンニからもらったななつのふうせん。みんなに自慢しに行こう！ でも、ひとつ、ふたつと割れてしまい、とうとう……。

マレーク・ベロニカ 文と絵
羽仁協子 訳

キップコップシリーズ シリーズ

★とちの実のこどもキップコップのはなし

■A5判上製
定価（本体1200円+税）

ゆきのなかのキップコップ
「仲間のシジュウカラにくるみを届けて！」とたのまれたキップコップ。けわしい雪のなか風がつよくてなかなか進めません。がんばれ！

キップコップとティップトップ
とちの実の女の子ティップトップは今晩ねむる場所をさがしますが、なかなかみつかりません。そこへキップコップがあらわれて。

くさのなかのキップコップ
いっしょに遊んでくれる仲間をさがしに、森に出かけるキップコップ。いろんないきものに出会うけど、さあ、ともだちはみつかるかな？

キップコップのクリスマス
「もみのきが部屋のなかでそだっていたよ！」と、シジュウカラに聞いたキップコップは、さっそく行ってみることに。さて、そこで見たもの!?